内容简介

推进减污降碳协同增效是建筑业高质量发展的重要抓手。开展建筑业减污降碳协同效应综合评估是构建统一的协同政策框架的前提，也是实现《巴黎协定》全球温控长期目标的重要基础，对于助力实现可持续发展目标以及“碳达峰”“碳中和”目标都具有重要意义。本书在建筑业减污降碳效率测算的基础上，重点分析了建筑业减污降碳效率时空差异、演进趋势和空间关联特征，采用机器学习方法对建筑业减污降碳效率驱动效应进行分析，以期为中国减污降碳协同增效政策发挥协同治理效果提供经验指导，为改善区域生态环境提供科学参考和有效建议。本书主要面向建筑业领域的从业者及工程管理领域的学者和研究生，以供参考交流。

墨香财经学术文库

建筑业减污降碳效率时空特征与驱动效应

The Spatiotemporal Characteristics and Driving Effects of Construction Waste and Carbon Reduction Efficiency in the Construction Industry

汪振双 著

东北财经大学出版社
Dongbei University of Finance & Economics Press
大连

图书在版编目（CIP）数据

建筑业减污降碳效率时空特征与驱动效应 / 汪振双著. —大连 : 东北财经大学出版社，2025.5. —（墨香财经学术文库）. —ISBN 978-7-5654-5600-8

Ⅰ. F426.9

中国国家版本馆CIP数据核字第202506QB94号

建筑业减污降碳效率时空特征与驱动效应

JIANZHUYE JIANWU JIANGTAN XIAOLÜ SHIKONG TEZHENG YU QUDONG XIAOYING

东北财经大学出版社出版发行

大连市黑石礁尖山街217号　邮政编码　116025

网　　址：http://www.dufep.cn

读者信箱：dufep@dufe.edu.cn

大连图腾彩色印刷有限公司印刷

幅面尺寸：170mm×240mm　字数：167千字　印张：14　插页：1

2025年5月第1版　　2025年5月第1次印刷

责任编辑：时　博　李　季　石建华　　责任校对：赵　楠

封面设计：原　皓　　版式设计：原　皓

书号：ISBN 978-7-5654-5600-8　　定价：78.00元

教育部人文社会科学研究规划项目（24YJAZH148）

辽宁省教育厅基本科研业务费资助项目（东北财经大学优秀学术专著出版资助项目（ZZ202426））

前　言

谨以此书献给关心建筑业可持续发展的人们。

党的二十大报告提出“积极稳妥推进碳达峰碳中和”“推进工业、建筑、交通等领域清洁低碳转型”。减污降碳协同增效是实现生态文明与可持续发展的必然路径，通过“降碳、减污、扩绿、增长”，既能协同推进生态文明建设，缓解气候变化带来的负面影响，又能推动产业结构绿色转型，实现“碳达峰”和“碳中和”的经济高质量发展目标，同时还能推动环境污染源头治理，达到环境、气候、经济“协同增效”的共赢局面，全面提高环境治理综合效能。党的二十届三中全会提出“协同推进降碳、减污、扩绿、增长，积极应对气候变化”“健全绿色低碳发展机制”。建筑业作为中国经济的支柱产业，具有能耗高、碳排放和建筑废弃物排放量大、减污降碳效率低下的特点。中国幅员辽阔，各地区的资源禀赋、社会经济发展水平都不尽相同。各地区建筑业在技术水平、建筑业从业人员占比、城镇化水平等方面的差距显著，减污降碳效率存在着显著的空间异质性。为了提高中国建筑业减污降碳效率，推动建筑业的低碳、协调和可持续发展，对建筑业减污降碳效率空间异质性、动态演进、网络特征，以及驱动效应的研究尤为重要。首先，本书从建筑业减污降碳效率的测算入手，以二氧化碳与建筑废弃物作为非期望产出，利用三阶段SBM-DEA模型和ML指数分解法对中国30个省（自治区、直辖市）2010—2020年间建筑业的静态和动态减污降碳效率进行测算。其次，运用泰尔指数、Dagum基尼系数及其分解、标准差椭圆分析方法、核密度估计法以及收敛模型探究中国建筑业减污降碳效率的空间异质性、空间差异的来源与动态演进和收敛特征。再次，运用社会网络分析法对建筑业减污降碳效率空间关联网络特征进行研究。最后，利用机器学习方法对建筑业减污降碳效率的时空特征与驱动效应进行分析，提出提升建筑业减污降碳效率的策略和建议。本书研究的具体内容如下：

（1）中国建筑业减污降碳效率测算。建筑业是国民经济的支柱产业和重要物质生产部门，同时也是中国碳排放的主要“贡献”行业之一，建筑业减污降碳效率可以很好地反映建筑业高质量发展水平。本书以中国建筑业减污降碳效率为研究对象，在建筑业减污降碳效率系统边界的基础上，构建非期望产出碳排放与建筑废弃物的三阶段SBM-DEA模型，选择合适的环境变量进行SFA回归，最终得到剔除环境变量和随机误差影响的中国建筑业减污降碳静态效率值；运用ML指数分解法，得到建筑业碳排放动态效率值。从静态与动态两个维度对中国建筑业减污降碳效率进行科学测算和分析，以期协同推进建筑业降碳、减污、扩绿、增长，加快完善落实“绿水青山就是金山银山”理念的体制机制，实现建筑业的可持续发展。

（2）中国建筑业减污降碳效率空间差异、动态演进与收敛特征研究。本书在“差异特征—演变过程—收敛趋势”分析框架下，对中国建筑业减污降碳效率进行系统研究，详细分析建筑业减污降碳效率的发展差异、空间异质性和变迁趋势，揭示其时空分布特征及影响规律。首先，采用泰尔指数、Dagum基尼系数来揭示建筑业减污降碳效率区域差异的客观存在；其次，采用标准差椭圆方法研究建筑业减污降碳效率的时空格局，并利用核密度函数来揭示中国建筑业减污降碳效率的动态演变特征与规律；再次，利用探索性空间分析方法深入探究建筑业减污降碳效率空间集聚效应，揭示建筑业减污降碳效率的区域差异与空间相关性；最后，通过绝对β收敛和条件β收敛方法检验建筑业减污降碳效率的收敛态势。

（3）中国建筑业减污降碳效率空间关联网络特征。中国建筑业减污降碳效率突破了传统线性模式，呈现出复杂的网络结构特征。本书利用改进的引力模型和社会网络分析法构建建筑业减污降碳效率空间关联网络，对2010—2020年建筑业减污降碳效率空间关联网络整体网络关联度、关系数、密度及效率等指标，以及个体网络度数中心度、中介中心度和接近中心度等指标演化特征进行分析。对建筑业减污降碳效率空间关联网络“核心—边缘”特征进行分析，采用CONCOR迭代相关收敛法进行块模型分析，对建筑业减污降碳效率的关联网络进行板块划分，以更好地揭示建筑业减污降碳效率空间关联网络板块内部以及板块之间的相互关系。精准描绘建筑业减污降碳效率空间关联动态演进特征，明晰各省域在建筑业减污降碳效率空间关联网络中的角色与作用。采用QAP方法对建筑业减污降碳效率空间关联网络驱动因素进行分析，探索网络化模式的空间结构演进趋势，为建筑业减污降碳研究提供了新的研究视角，为区域高质量发展规划提供科学依据。

（4）中国建筑业减污降碳效率因素实证研究。本书在国内外文献检索分析的基础上，梳理建筑业减污降碳效率时空格局的影响因素，通过机器学习算法构建建筑业减污降碳效率驱动效应评估模型，对比不同机器学习模型的精度，随机森林方法表现出最佳的拟合效果。采用随机森林方法，利用影响因素相关数据集中提取的多维变量作为输入特征，生成随机森林模型的训练数据集，确定核心因素，识别关键影响因素对建筑业减污降碳效率非线性响应关系，更好地解释建筑业减污降碳效率与解释变量之间的特征依赖路径，并对驱动因素的重要性进行排序，研究驱动因素对建筑业减污降碳的影响路径。

（5）中国建筑业减污降碳效率的提升对策。本书归纳整理研究的主要结论，在此基础上提出建筑业减污降碳协同治理发展的相关对策与建议，然后，总结本书研究中存在的不足，对将来有待进一步研究的方向和解决的问题进行展望。根据建筑业减污降碳效率的时空演变格局和驱动效应的实证研究结果，归纳本书的主要研究结论，有针对性地提出相关政策建议，包括加强建筑业减污降碳监管和区域合作力度、推进建筑业减污降碳协同管理、完善建筑业减污降碳管理政策，为未来建筑业更好实现减污降碳与经济发展的"双赢"提供有效路径，为建筑业减污降碳高质量发展和绿色低碳化发展提供科学参考。

本书以独特的研究视角和系统的研究方法，从中国建筑业减污降碳、协同减排角度出发，系统地研究建筑业减污降碳效率时空特征和驱动效应，为进一步促进建筑业高质量发展的制度优化提供决策参考，为我国生态文明建设和高质量发展提供政策依据。

限于学科背景和理论深度，本书难以对中国建筑业减污降碳效率时空演化与驱动机制进行完美刻画，恳请各位专家学者批评指正，以期共同推动中国建筑业绿色低碳发展。

汪振双

2025年2月

目　录

1

绪 论

1.1 研究背景

全球气候问题愈发突出，“双碳”目标下，减污降碳协同治理不仅事关当下，更关乎未来绿色高质量发展。自工业革命以来，大量的矿物能源被用于生产，导致了温室效应的迅速扩大。荷兰环境评估署（PBL）公布的报告显示，2019年全球温室气体排放量达到57.4亿吨，其中二氧化碳当量占比61.6%（Olivier et al.，2020）。与1990年相比，温室气体排放量增加了59%。温室气体中以二氧化碳为主，占总量的74%，甲烷和亚氮排放比例次之，分别为17%和5%。根据IPCC发布的第六份评估报告，自2011年起世界范围内温室气体浓度处于持续增长态势。2019年，二氧化碳、甲烷和亚氮等温室气体的年平均浓度分别达到了410ppm、1 866ppb和332ppb（IPCC，2021）。气候变暖不仅给人类的经济活动带来了巨大的负面影响，还容易导致飓风、极端高温、荒漠化、害虫扩散等恶劣现象的发生。20多年来，极端气候已导致60万人死亡，经济损失达到1.9万亿美元，给人类的生存与发展带来了巨大的挑战（Shuai et al.，2017）。因此，全球范围内采取减排措施势在必行。

建筑业是国民经济的支柱产业，一方面，建筑业作为龙头产业，推动着国民经济的发展；另一方面，中国建筑业的特点是项目多、持续时间长、材料消耗多，可能对环境产生不利影响。根据联合国环境规划署公布的数据，建筑业消耗的能源占40%，排放的温室气体占38%，产生的废弃物占30%。因此，建筑业是二氧化碳排放和固体废弃物产生的重要来源（Nasab et al.，2020）。建筑废弃物是指建筑、改造和拆迁活动产生的固体废弃物（Lu et al.，2021），它通常由混凝土、砖块、木材、金属等材料组成，美国建筑废弃物每年达485亿吨，欧洲达870亿吨，中国甚至高达1 500亿吨（Menegaki and Damages，2018），建筑废弃物的减量化和资源化利用可有效地减少建筑业碳排放。减少废弃物排放（简称“减污”）和降低二氧化碳排放（简称“降碳”），是一种高效环境管理策略（马伟波等，2022）。减污降碳的本质在于倒逼经济社会绿色转型以兼顾生态环境与经济增长。如何在保证经济增长的同时促进减污降碳协同增效，实现降碳、减污、扩绿、增长协同推进，既是现阶段政府进行生态环境治理亟须解决的现实难题，也是学术界面临的重要课题（夏学超等，2024）。

因此，建筑业减污降碳事关我国“双碳”目标的实现，开展建筑业减污降碳效率研究对我国“双碳”背景下的经济社会发展具有一定的紧迫性和必要性，而探讨建筑业减污降碳效率动态变迁、空间关联网络特征及其驱动因素，对建筑业协同减污降碳、缩小区域差异也具有重要意义。因此，在区域层面开展建筑业减污降碳效率研究是实现建筑业低碳建设和可持续发展的当务之急。

（1）在全球低碳博弈和竞争背景下，中国进入减污降碳关键阶段

温室气体过量排放导致全球气候变化问题突出，不断地为人类生产和生活敲响警钟。减少温室气体排放，遏制全球气候变化是世界各国必须承担的共同责任。当前，全球的发展面临低碳博弈和低碳竞争，围绕着“共同但区别的责任承担”原则，各个国家和地区积极探索“碳减排与碳合作”机制，试图在国际气候谈判中获得自身发展的有利空间。中国作为全球碳增量最大的发展中国家，排放量远超其他发展中国家，背负着国际社会碳减排的巨大压力（刘海猛等，2018）。中国政府明确提出“双碳”目标，力争在2030年中国碳排放量达到峰值，并努力在2060年实现“碳中和”的发展愿景（汪振双，2023）。在此基础上，习近平总书记进一步强调，要把“碳达峰”“碳

中和”纳入生态文明建设整体布局。“降碳”已成为新时期我国经济高质量发展和生态文明建设的主要内容和重点方向。因此，推动减污降碳协同治理成为促进经济社会发展、全面绿色低碳转型的重要抓手。1992年通过的《联合国气候变化框架公约》提出了应对气候变化的基本原则和措施（黄惠康，2022）。为了加强公约的实施，1997年《京都议定书》提出2008—2012年间的年均温室气体排放要比1990年减少5%左右（刘东民，2001），这标志着人类在应对全球气候变化方面迈出了坚定的步伐，对全球能源、环境、政治和经济的治理与发展起着重要作用（刘德顺，2001）。随后，《巴黎协定》于2015年颁布，成为全球应对气候变化的第三个里程碑（董聪，2018）。根据协定，各方约定将全球平均气温升幅控制在2℃之下。此外，《哥本哈根协议》和“巴厘岛路线图”都是人类共同努力解决全球变暖问题的重要举措。“十四五”时期，中国开始尝试生态环境保护协同治理，进入了减污降碳、协同增效发展的新阶段。

（2）建筑业存在着高能耗、高排放等一系列问题

建筑业是国民经济的支柱产业，在拉动经济快速发展的同时，产生大量的建筑废弃物和碳排放，使环境问题突出。这是由于建筑业关联产业多、资源消耗量大、能耗带动强，其碳排放量增速已远远超过全球经济平均增长水平，是全球气候危机的重要驱动行业（IPCC，2019）。目前，中国建筑业发展处于“高投入、高能耗、高排放”的粗放式发展阶段。党的二十大报告指出，“尊重自然、顺应自然、保护自然，是全面建设社会主义现代化国家的内在要求。必须牢固树立和践行绿水青山就是金山银山的理念，站在人与自然和谐共生的高度谋划发展”，并再次强调“积极稳妥推进碳达峰碳中和”。改革开放以来，我国经济发展迅速，成绩斐然。然而，随着能源的大量使用，我国也逐渐成为一个碳排放大国（张庆宇，2019）。建筑业在资源消耗

中原生材料的使用占有很大份额。根据联合国环境规划署2018年的数据，美国每年的建筑和拆除活动产生超过6亿吨垃圾。2006年，中国首次超过美国，成为全球二氧化碳排放量最高的国家，大量的二氧化碳排放给我国带来了严重的环境问题，同时也给世界带来了巨大压力（李玲燕，2023）。2009年，在哥本哈根国际气候会议上，我国提出了加强能源节约工作，到2020年使单位GDP二氧化碳排放比2005年下降40%~45%这一减排目标（吕江，2010）。2014年，中国和美国于北京APEC工商领导人峰会上签署了《中美气候变化联合声明》，并在声明中承诺在2030年左右实现“碳达峰”，并逐渐减少二氧化碳的排放（曾静静，2014）。这为我国的节能减排工作提出了新的挑战。为配合减排目标早日达成，碳排放也成为各级政府部门进行考核的关键指标（周守为，2021）。在资源消耗和废弃物产生率不断上升的情况下，建筑领域的以获取—制造废弃物的顺序进行的线性经济方法已经开始被循环经济方法替代。这一进步展现了建筑领域的发展，并已在许多领域被广泛应用。

（3）提高建筑业减污降碳效率，推动建筑业减污降碳，是新时期建筑业可持续发展的重点方向

随着国家政策方针的贯彻落实和引领，我国生态文明建设持续推进，低碳经济和循环经济正不断融入经济社会降碳、减污、扩绿、增长协同发展的整个进程中。建筑业作为国民经济的支柱产业，具有产业关联性强、资源消耗量大、能耗高、资源利用率较低等特征。随着我国城镇化建设的不断推进，建筑业碳排放量和建筑废弃物排放量或将持续增长。现阶段各地区的建筑业发展并不均衡，不同地区建筑业减污降碳效率存在较大的空间异质性，不同地区建筑业减污降碳效率的驱动效应也不尽相同。因此，为了提高中国建筑业减污降碳效率，推动建筑业的低碳、协调发展，对不同地区建筑业减污降碳效率空间

异质性、动态演进以及驱动效应的研究具有重要的现实意义。新时期建筑业高质量发展要求建筑业改变发展动能依赖资源投入和能源消耗的粗放式发展模式，通过改革与创新，技术升级和发展，全面提升产业质量和韧性，实现由高能源投入、高碳排放向要素生产率提高的集约型增长方式转变（刘军等，2021）。建筑业的减污降碳、协同增效是当前建筑业发展的重点方向，建筑业减污降碳效率分析框架作为平衡建筑业经济效益与环境影响的重要工具和指标，要求以最优的资源配置、最少的碳排放和建筑废弃物排放，实现建筑业最大的经济产出，实现资源的优化配置。建筑业减污降碳效率的分析框架为建筑业可持续发展提供了客观的评价标准和依据，能够全面反映建筑业绿色低碳发展和转型情况。因此，在厘清建筑业碳排放和建筑废弃物排放现状的基础上，开展建筑业减污降碳效率测算、评价和分析，是揭示建筑业高质量发展能力的重要路径；探究建筑业减污降碳效率的空间特征、演化规律、影响机制更是促进建筑业绿色低碳发展的关键，是促进建筑业减污降碳发展的重点所在。

（4）加强区域减污降碳、协同增效联动，要求建筑业发展注重跨区域合作

党的二十大提出“协同推进降碳、减污、扩绿、增长，推进生态优先、节约集约、绿色低碳发展”，为新时代建筑业减污降碳、协同增效进一步纵深推进提供了理论创新方向和实践指导路径。我国幅员辽阔，区域资源禀赋、经济发展不均衡问题明显，区域空间异质性显著。建筑业在地理条件、资源禀赋、资源环境承载力与交通可达性等方面也存在诸多差异，省域建筑业经济和技术发展的不平衡和不充分特征显著增强。跨区域的技术交流与合作，建筑业减污降碳效率的空间联动不断强化。协调东、中、西部发展的区域差异，是“促进区域协调发展”战略的重要举措。2020年政府工作报告中提出，要加快落

实区域协调发展战略格局。随着不同区域之间的技术交流、人员流动、贸易往来等，区域间的经济社会联系日益紧密，市场化和一体化也加剧了跨区域要素流通，区域之间建筑业经济联系日渐形成稠密化、多线程的空间关联网络结构形态（Wang et al.，2021）。建筑业资源的内在关联和地理空间（经济距离）的邻近性，使得区域间建筑业的经济联系、贸易关系逐渐加强，导致区域建筑业的碳排放与废弃物排放极易对其他区域产生溢出效应，从而影响区域建筑业的碳排放与废弃物排放的空间格局和结构演变。在“促进区域协调发展”减污降碳、协同增效下，在资源与环境约束下，环境经济学、产业经济学、自然地理学等多学科方法的运用，为建筑业减污降碳效率与空间效应的结合提供了更多理论和方法支撑。协同推进建筑业减污降碳效率研究的广度与深度，加强建筑业跨区域提质增效和节能减排，为区域建筑业高质量发展的协同性、联动性指明了方向。此外，建筑业跨区域减污降碳协同治理可以避免过多的时间和经济成本，有助于提高社会经济福利，有助于从追求个体利益向提升集体协同效能转变，实现环境质量优化的良性循环。系统地、全面地探究建筑业减污降碳效率区域差异和跨区域关联影响机制，是在经济社会发展过程中，在建筑业低碳、绿色高质量发展中实现更大突破的“金钥匙”。

1.2 研究意义

“十四五”时期，我国生态文明建设进入以降碳为重点战略方向，推动减污降碳协同增效、促进经济社会发展全面绿色转型、实现生态环境质量改善的关键时期（熊华文，2022）。建筑业是国民经济的支柱产业，在国家基础设施建设、经济发展、城市化进程中发挥了重要作用。减污降碳与区域经济发展的相互关系问题一直是国内外学者研究和关注的重要议题。因此，在“双碳”目标背景下研究建筑业减污降碳效率时空特征与驱动效应，对区域经济的协调发展具有重要的理论和现实意义。

1.2.1 理论意义

本书立足新时代减污降碳协同推进新要求，对建筑业减污降碳效率进行测度，探讨建筑业减污降碳效率时空特征，深入剖析减污降碳空间特征的驱动机制，进一步丰富了建筑业可持续发展的相关研究成果。具体如下：

（1）现有对建筑业减污降碳的研究主要集中在建筑业碳排放和建筑废弃物排放管理，以及减污降碳效率方面，而忽视了对建筑业减污降碳协同增效等方面的研究。建筑业在拉动国民经济快速发展的同时，也产生了大量的碳排放和建筑废弃物排放。本书将建筑废弃物排放和建筑业碳排放一起纳入建筑业减污降碳协同增效的研究框架下，对建筑业减污降碳效率开展相关研究，以期完善和丰富建筑业可持续发展的理论框架；拓宽了现有建筑业可持续发展的研究视角，丰富了研究内容，拓展了相关研究的广度和深度，同时为提升建筑业减污降碳效率的政策建议提供了理论支撑。

（2）本书结合计量经济学、区域经济学和自然地理学等多学科理论和方法，对建筑业减污降碳效率的时空特征和空间网络关联结构进行全方位、多角度和多层次的探索。首先，在省域层面对建筑业减污降碳效率时空特征进行全面的比较分析；其次，在研究内容上，本书对建筑业减污降碳效率空间格局、演进趋势和空间关联的差异化特征进行深入分析，挖掘建筑业减污降碳效率时空演化特征和空间网络演化形态的形成机制和内在动力；最后，从研究角度来看，本书从建筑业减污降碳效率的区域异质性到省域联动关系的变化着手，既考虑各省建筑业自身减污降碳效率的演进特征，同时分析省域建筑业减污降碳效率的外部环境因素，这对于推动中国建筑业高质量发展的协同增效具有重要的理论意义。

（3）现有对建筑业减污降碳效率的研究往往重实证轻机理，无法拓展建筑业减污降碳效率研究的广度和深度。探究中国建筑业减污降碳效率空间差异的影响因素，挖掘建筑业减污降碳效率空间联动的内在交互作用机制，提高建筑业减污降碳效率，是当前学术界亟待解决的重要理论问题。基于此，本书依次阐述建筑业减污降碳效率的理论框架，并探讨建筑业减污降碳效率影响因素的作用机制，探究建筑业向低碳化、协同化、集约化发展的内在机理，以期丰富建筑业可持续发展理论，促进建筑业高质量发展。

1.2.2 现实意义

（1）在中国积极应对全球气候变化的背景下，建筑业作为我国经济的支柱产业，在我国“碳达峰”“碳中和”目标中应承担起重要责任。对建筑业减污降碳规模、结构及空间特征的识别，是实现建筑业减污降碳的前提和依据；科学合理的减污降碳效率测度，是评判我国建筑业高质量发展成效的重要标尺；探究建筑业减污降碳发展路径与影响机制，是推进区域减污降碳协调发展的重要途径。因此，本书的研究有较强的实用性和现实需要的紧迫性。

（2）建筑业高质量发展与自然环境密切相关，其发展依赖于区域自然资源、“绿水青山”的良好生态。对区域建筑业减污降碳效率进行研究，能够推动建筑业可持续发展和高质量发展。探究建筑业减污降碳效率的时空特征，有利于把握建筑业减污降碳效率演化的作用机制，促进区域间建筑业减污降碳效率的协同提升，同时探索制定和调整更加完善的、具有可操作性的政策措施，促进建筑业低碳转型升级，推动区域建筑业可持续发展，实现建筑业高质量发展。

（3）目前，我国正处于经济发展的新常态，亟须通过结构性变革等措施推动经济高质量发展。建筑业由于其“高能耗、高排放”的粗放式发展模式，难以充分满足可持续发展的要求。本书立足于效率分析框架，从要素投入、经济产出和环境非期望产出三个方面系统分析建筑业效率增长的内在驱动因素和外在影响因素，更有利于厘清建筑业发展与资源和能源消耗、碳排放、建筑废弃物排放之间的复杂关系，以期为我国建筑业减污降碳和经济高质量发展提供有益参考。本书不仅深化了对建筑业降碳、减污、扩绿、增长协同推进作用机理的理解，同时也为政府、市场和公众等多元主体跨区域协同治理提供了参考借鉴。

本书的研究成果有利于促使各区域有效处理建筑业经济发展与资源消耗、碳减排和建筑废弃物排放之间的非线性复杂关系，促进区域间建筑业减污降碳效率协同提升，促进低碳经济和循环经济的发展，探索更加完善可操作的政策措施，助力建筑业绿色低碳转型升级，为推动区域建筑业可持续发展提供有益的实践参考。本书在一定程度上弥补了现有研究的不足，对建筑业减污降碳进行深入研究并给出相应的低碳经济发展建议，对区域实现低碳经济转型突破，具有重要的现实意义。本书不仅为在固体废弃物领域开展减排协同治理提供了方法论依据，还将建筑业发展放在经济、社会和环境等多维度上进行考量，促进“无废城市”建设，推动建筑业减污降碳、协同增效、跨区域治理的经济效益和环境效益的有机统一与多维价值实现，有效落实“促进区域协调发展”战略，为“双碳”目标下的决策者提供了数据支持和政策建议。同时，促进不同区域建筑业全面绿色转型，为跨区域协同治理政策优化和选择提供依据，以期最终实现建筑业的全面高质量发展。

1.3 研究思路与内容

1.3.1 研究思路

推进建筑业减污降碳协同发展是低成本、高效率地推进建筑业可持续发展的路径。深入打好污染防治攻坚战，建立健全的环境治理体系，协同推进精准、依法、科学、系统减污降碳被写入“十四五”规划中。本书在综合调研中国建筑业碳排放和建筑废弃物排放管理现状和存在问题的基础上，首先，对所涉及的建筑业减污降碳效率的研究现状和核心理论进行系统梳理，为下一步研究奠定理论基础。其次，结合效率理论，系统分析建筑业减污降碳效率的理论框架，构建中国建筑业减污降碳三阶段SBM-DEA模型，选择合适的环境变量进行SFA（随机前沿分析）回归，运用ML指数分解法，对中国30个省（自治区、直辖市，为了表述方便，以下统称为省）2010—2020年建筑业减污降碳效率进行测算，从静态与动态两个维度对中国四大地区建筑业减污降碳效率值进行分析，并深入分析和研究建筑业减污降碳效率增长的内在动力。再次，立足于区域协同视角探究建筑业减污降碳效率的时空特征和演进趋势，研究主要从区域差异、演变过程和演进趋向三个方面，借助泰尔指数、Dagum基尼系数、标准差椭圆分析方法、高斯核函数、绝对β收敛和条件β收敛，对中国建筑业减污降碳效率的时空特征进行深入分析与研究。基于建筑业减污降碳效率的规模、结构、空间分布特征结果，揭示建筑业减污降碳发展存在的问题、空间关联网络形态，研究聚焦于效率的空间关联和溢出效应，通过引力模型和社会网络分析法，构建中国省域建筑业减污降碳效率空间关联网络，考察其网络特征及其演化的影响因素和改进路径。最后，使用随机森林方法对中国省际建筑业减污降碳效率的影响因素展开实证研究，以探究建筑业减污降碳效率变迁和影响机制。基于以上研究的主要结论，本书为中国建筑业可持续发展和高质量发展提出可供参考的政策建议。

1.3.2 研究内容

本书从建筑业2010—2020年建筑废弃物排放和碳排放相关经济环境数据出发，在测算建筑业减污降碳效率的基础上，研究其时空特征和驱动因素，理论分析结合实证研究。本书共分8章，各章内容具体安排如下：

第1章：绪论。阐述了本书研究的选题背景，并在此基础上揭示了研究意义，并介绍了本书的研究思路、结构安排与研究的难点和创新之处，并绘制了本书的技术路线图。

第2章：相关概念界定与理论基础。首先，厘清本书的核心概念：效率、建筑业碳排放、建筑废弃物、减污降碳、建筑业减污降碳效率。其次，梳理与本书有关的核心理论和现有研究基础。在核心理论部分，本书所涉及的理论主要包括：产业经济学理论、低碳经济学理论、效率理论和“两山”理念；在文献综述与评述部分，本书主要围绕建筑业碳排放、建筑废弃物排放、建筑业碳排放效率、建筑业碳排放效率的时空演变特征和建筑业碳排放效率的影响因素四个方面展开分析探讨，文献回顾视角由大到小，逐渐聚焦于建筑业碳排放效率范畴，为深入研究建筑业减污降碳的时空特征以及驱动效应奠定坚实的理论基础。

第3章：建筑业减污降碳效率。在建筑业减污降碳效率系统边界的基础上，构建非期望产出碳排放与建筑废弃物的三阶段SBM-DEA模型，选择合适的环境变量进行SFA回归，最终得到剔除环境变量和随机误差影响的中国四大地区和省域建筑业的碳排放静态效率值；运用ML指数分解法，得到我国区域建筑业减污降碳动态效率值，从静态与动态两个维度对中国区域和省域建筑业碳排放效率值进行测算与分析，为下文深入研究建筑业减污降碳效率的时空演变、网络特征和驱动因素提供支撑。

第4章：建筑业减污降碳效率时空演化特征。从“差异特征—演变过程—收敛趋势”三个方面对中国建筑业减污降碳效率展开详细分析，研究建筑业减污降碳效率的时空特征。采用泰尔指数、Dagum基尼系数来揭示建筑业减污降碳效率区域差异的客观存在；采用标准差椭圆方法研究建筑业减污降碳效率的时空格局，并利用核密度函数来反映中国建筑业减污降碳效率整体分布形态的演变特征与规律；利用探索性空间分析方法深入探究建筑业减污降碳效率空间集聚效应，揭示建筑业减污降碳效率的区域差异与空间相关性；通过绝对β收敛和条件β收敛方法检验建筑业减污降碳效率的收敛态势。

第5章：建筑业减污降碳效率空间关联结构。通过改进的引力模型来衡量中国建筑业减污降碳效率空间关联强度，并通过社会网络分析法，对省际建筑业减污降碳效率空间关联关系进行量化，精准描绘建筑业减污降碳效率空间关联动态演进特征。建筑业减污降碳效率突破了传统线性模式，呈现出复杂的网络结构特征。本章厘清建筑业减污降碳效率在不同区域之间的传导机制，明晰各省在建筑业减污降碳效率空间关联网络中的角色与作用，揭示影响空间关联网络形成的主要因素，为建筑业减污降碳研究提供了新的研究视角。

第6章：建筑业减污降碳效率时空格局驱动效应。基于文献分析，梳理建筑业减污降碳效率空间差异的影响因素，通过机器学习算法构建建筑业减污降碳效率驱动效应评估模型，对比各模型的精度，随机森林表现出最佳的拟合效果。采用随机森林方法，利用影响因素相关数据集中提取的多维变量作为输入特征，生成随机森林模型的训练数据集，确定核心因素，识别关键影响因素对建筑业减污降碳效率的非线性响应关系，更好地解释建筑业减污降碳效率与解释变量之间的特征依赖路径，并对驱动因素的重要性进行排序，研究驱动因素对减污降碳的影响路径。

第7章：建筑业减污降碳效率协同管理策略。根据建筑业减污降碳效率的时空演变和驱动效应的实证结果，归纳整理研究的主要结论。在此基础上，提出建筑业减污降碳、协同增效的相关政策建议，如加强建筑业排放监管和区域合作力度等，推进建筑业减污降碳协同管理，完善建筑业减污降碳管理政策，为未来建筑业更好实现减污降碳与经济发展的“双赢”提供有效路径，为建筑业减污降碳高质量发展和绿色低碳化发展提供科学参考。

第8章：研究结论与展望。建筑业是稳定经济发展的“压舱石”、服务国家战略的先行者。本章对建筑业减污降碳效率的时空特征、演进趋势、空间关联网络形态、影响因素等进行总结。在总结研究中的不足的同时，对建筑业减污降碳跨区域协同治理进行思考，探索建筑废弃物跨区域平衡处置的途径。

1.4 研究方法和创新

1.4.1 研究方法

本书以问题为导向，以理论研究为基础，以模型构建为核心，以建筑业减污降碳效率为切入点，提出研究问题。运用环境生态学理论、环境经济学理论、社会网络理论和机器学习方法等，对中国建筑业减污降碳效率时空特征和驱动机制展开研究，为我国省域建筑业减污降碳、协同增效实践提供理论支撑和政策思路，为建筑业高质量发展的建设和治理政策提供借鉴。本书在坚持“顶天立地”的大原则下，遵循从抽象到具体的研究方法，对未来建筑业的可持续发展做出全面的分析，以期推动建筑业可持续发展。具体研究方法包括：

（1）理论分析与实证研究相结合的研究方法。本书从多个层面构建建筑业减污降碳效率时空特征的理论框架，属于理论分析的具体应用；对中国建筑业减污降碳效率的时空特征（空间差异、动态演进分析等）、空间网络结构特征以及驱动效应的研究等，均属于实证研究的具体应用。因此，理论分析与实证研究相结合是本书的首要研究方法。

（2）比较分析与归纳演绎相结合的研究方法。对比分析不同省域建筑业减污降碳效率时空特征、网络结构特征，属于比较分析法的研究范畴；根据中国建筑业减污降碳效率时空特征和网络结构特征实证研究结果，综合归纳出中国建筑业减污降碳效率管理和实践的具体策略，属于归纳演绎研究方法的具体运用。因此，比较分析与归纳演绎相结合成为本书的重要研究方法。

（3）文献研究和机器学习相结合的研究方法。通过对减污降碳效率研究领域期刊文献的归纳与分析，并整理其他学者的减污降碳效率模型，构建三阶段SBM-DEA模型所设定的环境变量，采用随机森林机器学习的方法进行实证研究，确定核心因素，并对驱动因素的重要性进行排序。因此，文献研究和机器学习相结合也是本书的重要研究方法。

1.4.2 研究创新

实现“美丽中国”与“双碳”目标，减污降碳协同是低成本、高效率的途径之一。促进建筑业减污降碳效率区域协调发展，更有利于在全国范围内有效推动区域经济高质量发展和可持续发展。本书以建筑业减污降碳效率为切入点，以剖析中国建筑业减污降碳效率时空特征为导向，从区域协调发展的角度出发，对中国建筑业减污降碳效率时空特征演变进行系统性研究，指出建筑业减污降碳效率协同效应的区域差异及其动态变化和驱动效应。这有助于识别建筑业减污降碳效率协同工作的薄弱区域和环节，为我国区域建筑业减污降碳、协同增效实践提供理论支撑和政策思路，为“美丽中国”的建设和治理政策提供借鉴。其创新点主要体现在以下四个方面：

（1）将建筑废弃物和碳排放统一纳入非期望产出考虑范围内。本书建立了非期望产出二氧化碳与建筑废弃物的三阶段SBM-DEA模型，一方面分析了剔除环境变量和随机误差项前后各地区的建筑业减污降碳静态效率，克服了常用的SBM模型存在的缺陷，提高了建筑业减污降碳效率评估结果的准确性；另一方面使得效率评估结果既具备横向地区可比性，又具备纵向时间可比性，提高了研究过程的科学性，完善了建筑业可持续发展理论。

（2）构建建筑业减污降碳效率时空演化特征分析框架。本书运用泰尔指数、Dagum基尼系数、标准差椭圆分析方法、核密度估计与收敛模型，刻画了各地区建筑业减污降碳效率时空演化特征，从“差异特征—演变过程—收敛趋势”三个方面构建了一个多角度、多层次的建筑业减污降碳效率分析框架。基于泰尔指数和Dagum基尼系数及其分解方法，揭示了在现阶段四大地区协调发展格局下建筑业减污降碳效率的空间差异大小及来源；基于标准差椭圆分析方法和核密度估计刻画了建筑业减污降碳效率的分布动态演进趋势；基于收敛模型研究了建筑业减污降碳效率的敛散特征，为提高建筑业减污降碳效率及更彻底践行可持续发展理念提供可行方案。

（3）探究建筑业减污降碳效率空间关联网络特征。本书从社会网络视角出发，将中国省域建筑业减污降碳效率关联关系看作社会网络系统，探析整体网络结构特征、省际动态关系演变及各省在网络中的位置与角色变化，并对其深层影响因素进行探究。通过改进的引力模型构建中国省域建筑业减污降碳效率的空间关联关系，最终得到表征省域建筑业减污降碳效率空间关联的关系矩阵，并借助社会网络分析法揭示其空间关联特征及影响因素，打破了多数文献在空间关系上“相邻”或“相近”的局限。

（4）对建筑业减污降碳效率进行多角度、多层面的分析。本书在实证研究过程中采用静态与动态相结合、时间与空间相结合的分析方法对全国、地区与省域层面的建筑业减污降碳效率进行测度与分析，使研究角度与层次更为丰富。采用随机森林方法，用STIRPAT模型对建筑业减污降碳效率相关因素进行分析，探寻在中国经济高质量发展过程中建筑业减污降碳、协同增效的路径，以期为国家实现“双碳”目标和跨区域协调发展目标、促进建筑业实现高质量发展提供思路。

1.4.3 研究技术路线

实现减污降碳协同效应，是以习近平同志为核心的党中央对污染防治攻坚战的新要求，也是总要求。建筑业减污降碳、协同增效与经济发展从粗放高碳走向绿色低碳的历程完全一致，是建筑业高质量发展的关键。因此，本书在透彻理解问题的基础上，采用理论探索与问题调研并行的方式，通过“提出问题—分析问题（理论分析和实证研究）—解决问题（对策研究）”的研究思路，形成一个清晰明了的研究框架，如图1-1所示。

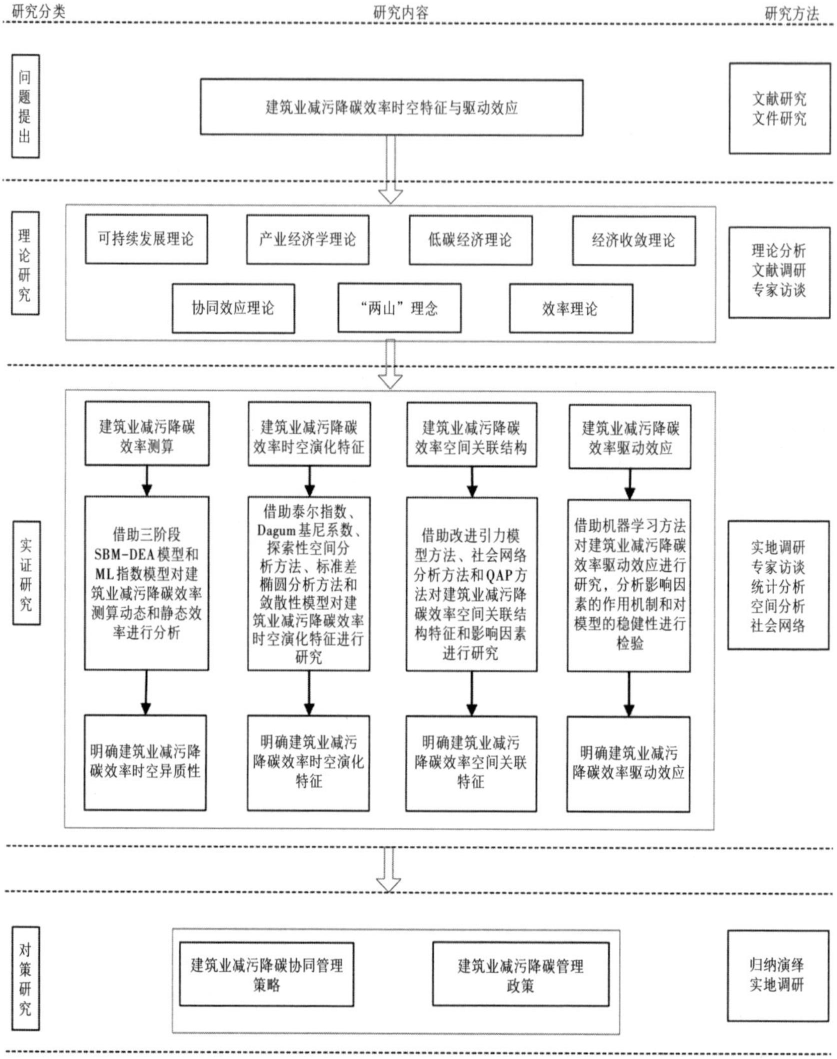
研究分类
研究内容
研究方法
问题提出
建筑业减污降碳效率时空特征与驱动效应
文献研究
文件研究
理论研究
可持续发展理论
产业经济学理论
低碳经济理论
经济收敛理论
协同效应理论
“两山”理念
效率理论
理论分析
文献调研
专家访谈
实证研究
建筑业减污降碳效率测算
建筑业减污降碳效率时空演化特征
建筑业减污降碳效率空间关联结构
建筑业减污降碳效率驱动效应
借助三阶段SBM-DEA模型和ML指数模型对建筑业减污降碳效率测算动态和静态效率进行分析
借助泰尔指数、Dagum基尼系数、探索性空间分析方法、标准差椭圆分析方法和敛散性模型对建筑业减污降碳效率时空演化特征进行研究
借助改进引力模型方法、社会网络分析方法和QAP方法对建筑业减污降碳效率空间关联结构特征和影响因素进行研究
借助机器学习方法对建筑业减污降碳效率驱动效应进行研究，分析影响因素的作用机制和对模型的稳健性进行检验
明确建筑业减污降碳效率时空异质性
明确建筑业减污降碳效率时空演化特征
明确建筑业减污降碳效率空间关联特征
明确建筑业减污降碳效率驱动效应
实地调研
专家访谈
统计分析
空间分析
社会网络
对策研究
建筑业减污降碳协同管理策略
建筑业减污降碳管理政策
归纳演绎
实地调研

图 1-1　研究框架

2

相关概念界定与理论基础

“十四五”时期，我国进入减污降碳协同治理的新阶段，建筑业减污降碳对于中国“双碳”目标的实现意义重大。建筑业高质量发展对减污降碳的要求更高，建筑废弃物减量化与建筑业降碳融为一体。本章在效率、建筑业碳排放、建筑废弃物等概念的基础上，对建筑业减污降碳效率进行解释，并将可持续发展理论、产业经济学理论、低碳经济理论、经济收敛理论、协同效应理论、“两山”理念和效率理论，作为本书中建筑业减污降碳效率时空特征与驱动效应研究的理论基础，以助力实现建筑业发展的全面绿色转型。

2.1 基本概念

2.1.1 效率

效率的概念内涵丰富，各学科对“效率”的定义有所不同。其中，物理上用能量的比率来表示效率，而生活中则指所付出之能力与所获得之功效的比率。在管理学领域中，效率为单位时间完成的工作量，而在经济学中效率则是资源的有效配置、市场竞争能力、投入与产出最优比值和绿色发展能力的总称（Lin and Liu，2015）。意大利经济学家帕累托对效率的定义为：在要素投入与产出既定的情境下，资源被充分利用，不存在浪费现象且其他人的情况并未因此恶化，配置是有效的。因此帕累托最优也被称为帕累托效率。配置效率则反映了不同企业或部门为获得最大净利润而按照最优要素投入比例进行生产的能力。无论从投入还是产出角度来看，效率都代表了实际值与最优值之间的关系（李晨等，2018）。1978年Charnes等人创立了DEA理论（Charnes et al.，1978），将效率的测度对象称为决策单元

(Decision Making Unit，DMU)，分析中将投入与产出最优解的生产函数形式称为前沿函数或前沿边界。可见，效率的测度与边界生产函数的构造紧密相关。根据分析目标和测度角度不同，可将效率模型分为投入导向、产出导向和非导向三种类型。具体可划分为规模报酬可变(VRS)和规模报酬不变(CRS)。基于规模收益可变情境下的效率称为纯技术效率(PTE)，基于规模收益固定情境下的效率称为技术效率(TE)。在现实情境中，应根据研究问题和经济发展的具体情况来设定效率模型的投入角度以及规模收益等的变动情况和特征(张智慧和刘睿劼，2013)。例如，研究中的碳排放效率是指在经济增长的同时，要尽量减少二氧化碳的排放。Solow(1957)首次提出了全要素生产效率，研究中将生产单位视为一个复杂系统，利用各要素综合生产力的衡量标准来衡量全要素生产效率。更多学者认为碳排放效率是个复杂的概念，是指从投入与产出的视角出发，在一定时期内投入到产品生产过程中的各种要素所产生的非期望产出，即在资本、劳动等要素投入情境下，将环境污染(碳排放、废弃物等)视为经济意义上的产出“产品”，所能获得的最大程度的经济产出和最少的碳排放或污染物排放等(马大来等，2015)。全要素生产率研究方法被引入碳排放研究相关领域(杜强等，2017)。碳排放效率是将二氧化碳排放纳入效率模型框架而形成的。从经济发展视角来看，经济发展不仅强调对碳排放总量的控制，还要求通过变革经济发展范式，促进经济增长(张伟等，2013)。全要素碳排放效率是指在实现特定产出水平的情况下，最优碳排放与实际碳排放的比值，其能够全面评估各种投入因素与碳排放之间的关系，还全面反映了资源禀赋对碳排放的影响，具有明显的优势(樊琳梓，2018)。

2.1.2 建筑业碳排放

碳排放是对温室气体排放的总称，主要包括二氧化碳（CO_2）、氢氟碳化物（HFCs）、甲烷（CH_4）和氧化亚氮（N_2O）等多种气体。其中，二氧化碳是温室气体重要的组成部分，也是导致温室效应的主要气体，当其排放总量超过自然环境的承受能力极限时，将带来一系列极端区域生态环境破坏现象，对人类生产生活造成严重影响，产生沉重负担。碳排放所引致的全球气候问题日渐严峻，大部分国家和地区提出"碳减排"倡议来缓解气候环境危机。对于建筑业碳排放而言，主要包括直接碳排放和间接碳排放两部分。其中，直接碳排放是指建筑业内的生产活动、能源消耗产生的碳排放，而间接碳排放是指建筑业生产活动导致其他关联行业产生的碳排放（冯博，2015）。国内外学者一般将碳排放简单理解为二氧化碳排放，研究中用"碳"指代碳排放（汪国华，2010）。本书中出现的建筑业的碳排放也是指建筑业二氧化碳排放，未考虑其他温室气体的排放。从二氧化碳的数据获取路径来看，目前较为普遍运用的是 IPCC （Intergovernmental Panel on Climate Change）数据（王兆峰等，2022）。目前，世界上几乎所有的国家和地区所建立的碳排放数据库和数据清单等都基于《IPCC国家温室气体清单指南》，主要包括中国碳核算数据库、中国多尺度排放清单模型、世界银行数据库、国际能源署、荷兰环境评估机构的全球大气研究排放数据库、全球碳预算数据库、美国能源信息管理局、美国橡树岭国家实验室二氧化碳信息分析中心、欧盟委员会联合研究中心、联合国气候变化框架公约数据库、世界资源研究所和美国国家环境保护局（EPA）企业气候领导中心等。建筑业碳排放核算方法在学术研究中应用较多的是碳排放系数法、投入产出法等。针对建筑不同的生命周期阶段、建筑材料、建筑构件及部品、建筑结构形式等进行碳排放测算和碳减排协同管理（Wang et al.，2018；Zhang et al.，2020），为低碳建筑设计和全生命周期管理提供参考。由于我国区域资源禀赋的差异性，经济发展和能源结构不平衡，因此中国建筑业排放存在空间异质性。

2.1.3　建筑废弃物

建筑废弃物是人们在从事建筑生产活动中产生的废弃物。目前，全世界对建筑废弃物还没有达成共识，不同国家和地区对建筑废弃物的定义各不相同。美国国家环境保护局认为："建筑废弃物是在建筑活动中所产生的无用的物质，即在新建、拆迁和重建中常常会产生的废弃物。"加拿大统计局（2000）把建筑废弃物定义为新建、改建或拆迁项目过程中产生的废料，这些项目包括所有类型的建筑物（住宅和非住宅）以及道路、构筑物和桥梁。日本对建筑废弃物的理解是建筑过程中或者拆迁以后，混凝土产生的碎渣和类似的废弃物，属于具有稳定性的产业垃圾的一种，而木制品、玻璃制品、塑料制品等废弃物并不包括在"建筑废材"中。在《欧洲废物名录》中，建筑废弃物主要包括混凝土砖、瓷砖、陶瓷、木材、玻璃、塑料等八类。在2005年4月我国建设部出台的《城市建筑垃圾管理规定》中，对2003年建设部颁布的《城市建筑垃圾和工程渣土管理规定》中建筑废弃物的定义进行了补充说明：建筑垃圾是指建设单位或施工单位在工程项目新建、改建、扩建和拆除各类建筑物、构筑物、管网等以及居民装饰装修房屋过程中所产生的废弃物，通常包括混凝土、砖块、瓷砖、木材、玻璃和塑料等。截至2019年，中国城市建筑废弃物存有量达到21～28亿吨，占中国城市垃圾总量的比重高达30%左右（汪振双等，2023）。建筑废弃物的治理是现代城市治理的"痛点"和"难点"（Huang et al.，2018）。本书中所指的建筑废弃物主要是指在建筑施工阶段、建筑拆除阶段和装饰装修阶段产生的建筑废弃物（Wang et al.，2021）。

（1）建筑施工废弃物：建筑施工废弃物主要来自建筑物在各种施工过程中产生的渣土、废弃混凝土、碎砖石、砂浆、碎桩头、废木料、锈蚀钢筋/钢材、包装材料等。

（2）建筑拆除废弃物：建筑拆除废弃物主要包括在改建、重建、对建筑物局部或整体进行拆除作业时产生的弃土（包括但不限于开槽渣土、级配砂石）、砌块、砖石、混凝土、钢筋、木材、玻璃、石膏和灰浆、屋面废料、钢铁和非铁金属等建筑主体及装饰装修的材料废弃物，数量巨大。

（3）装饰装修废弃物：装饰装修废弃物是指在装饰装修过程中过量采购的材料以及产生的废物料和边角料，如废钢筋、金属管线废料、各种废钢配件、废竹木、各种包装袋、散落的砂浆和混凝土、石子和块石、碎砖等。其中，主要成分为碎砖、混凝土、砂浆、桩头、包装材料等，约占装饰装修废弃物总量的 80%。

2.1.4 减污降碳

“十四五”时期我国明确提出减污降碳的目标，统筹大气、水、土壤、固体废弃物、温室气体等多领域减排要求，将“减污”和“降碳”综合进行考察，以环境治理助推高质量达峰，提升减污降碳综合效能，形成气候效益、环境效益、经济效益多赢的局面。因而，当前迫切需要落实新发展阶段生态文明建设有关要求，推动经济结构转型升级，破解资源环境约束突出问题，协同推进减污降碳，促进经济社会发展全面绿色转型（张明斗和闫昱睿，2023）。减污降碳应以推动经济高质量发展为目标，促进循环经济发展，加强资源的综合利用，发展绿色低碳经济（高吉喜，2021）。在此背景下，实现建筑业绿色发展成为推进经济社会绿色转型的客观要求。建筑业是国民经济的支柱产业，在中国经济社会发展中占据重要地位，建筑业减污降碳对于建筑业绿色低碳高质量发展具有重要现实意义。根据中国环境与经济政策研究中心对减污降碳协同效应的定义，建筑业减污降碳协同效应一方面是指在建筑项目全生命周期中减少建筑废弃物排放，另一方面是指在建筑业废弃物排放控制和生态建设中减少或吸收二氧化碳的排放。“减污”和“降碳”可以相结合进行研究是以污染物排放和碳排放具有协同增效为前提的。从减污降碳作用路径来看，减污降碳协同细化为目标协同、路径协同、管理协同、效果协同和部门协同五方面；从福利视角来看，“减污”和“降碳”的协同是在不给对方造成损失的条件下增加己方的福利，这有助于在资源利用最少的情况下实现经济和生态效益最优。

通过已有文献梳理可知，学者们在研究减污降碳时所涉及的污染物包括大气污染物、污水以及固体废弃物等（蒋富海等，2022）。因此，本书提及的建筑业减污降碳里的“污”可以指代建筑废弃物，而“碳”是指在建筑全生命周期中释放出的二氧化碳。建筑业减污降碳效应，指的是通过技术创新、管理优化和政策引导等手段，减少污染物排放和降低二氧化碳等温室气体排放，从而实现环境改善与气候目标的双重效果。

2.1.5 建筑业减污降碳效率

建筑业减污降碳效率是碳排放效率方法在建筑学科的进一步延伸，其效率水平高低是衡量区域建筑业可持续发展和建筑业经济高质量发展能力的重要标准。就本质而言，建筑业减污降碳效率与碳排放效率二者具有属性上的继承性与理念上的一致性。从环境的角度看，建筑业减污降碳效率强调建筑生产和消费等一系列过程对环境影响的减量化，这里的环境影响主要指的是二氧化碳排放所产生的温室效应和建筑废弃物的“垃圾围城”；从经济发展的角度看，它是在考虑了碳排放和建筑废弃物排放情境下，强调建筑业经济效益的最大化；从可持续发展的角度看，它反映了碳排放和建筑废弃物排放与经济效益之间的最优状态，即单位建筑业收入能够产生最少的碳排放量和建筑废弃物量。建筑业减污降碳效率的核心内涵是从建筑业经济效益与环境效益双赢的立场出发，强调建筑业的发展不能以牺牲资源环境为代价，而应与生态文明理念一致，即在经济效益最大化的同时，所产生的碳排放量和建筑废弃物排放量最小，实现区域经济社会可持续发展。

基于建筑业减污降碳效率概念的核心内涵，本书认为建筑业减污降碳效率立足于建筑经济—资源利用—生态环境这一复合系统，旨在通过区域内建筑业资源、资本、劳动力和能源的高效配置，在达到区域建筑业经济效益最大化的同时，最大程度减少能源消耗与建筑废弃物和碳排放。本书所研究的建筑业减污降碳效率是评判中国建筑业可持续发展能力、资源配置效率以及投入产出能力的综合概念。

2.2 文献综述

建筑业属于典型的能源密集型产业，具有高能耗、高排放、低效率等显著特征，建筑业碳排放占全球碳排放总量的40%左右（汪振双等，2015）。建筑业碳减排有助于减少一国整体的碳排放量，减缓温室效应带来的危害，因此，建筑业碳减排对中国“双碳”目标的实现至关重要。在全面推进生态文明的中国式现代化进程中，处理好建筑业生态环境与经济发展、多目标环境规制政策的协同是建筑业可持续发展的重要工作。围绕建筑业碳排放、建筑废弃物排放、碳排放效率的研究也随之增多。基于研究主题，本书对现有文献的梳理主要围绕以下四个方面展开：一是建筑业碳排放和废弃物排放研究；二是建筑业碳排放效率的测算；三是建筑业碳排放效率的空间演变特征；四是建筑业碳排放效率的影响因素。在对文献进行分析与梳理的基础上，进一步对现有研究进行文献述评。

2.2.1 建筑业碳排放

建筑业碳排放问题近年来引起了国内外学者的关注。建筑业碳排放包括直接碳排放和间接碳排放。其中，直接碳排放是指建筑项目全生命周期各阶段直接消耗的能源产生的碳排放；间接碳排放是指工程项目在物化阶段主要消耗的建筑材料在生产和运输过程中产生的碳排放。目前，建筑业碳排放核算方法主要有排放系数法、投入产出法、建筑全生命周期法、实测法和物料衡算法（李小冬和朱辰，2020）。其中，排放系数法通过将活动数据和排放因子两者相乘得到某一活动的碳排放量，该方法适用广泛，具有一定的权威性且数据易获取。从国家、区域或行业的视角出发进行碳排放核算，得到了广泛应用。碳排放因子的确定是由相关机构（如国家发改委能源研究所、美国橡树岭国家实验室等）根据国家和地区实际情况进行科学测定，测算结果存在区域差异性。在微观层面上，从项目全生命周期各阶段、建筑材料类型、建筑构件及部品、建筑结构形式等进行碳排放核算和碳排放协同管理（Wang et al.，2018），为工程项目全生命周期碳减排管理提供参考。在宏观层面上，主要集中在区域建筑业碳排放核算及建筑业碳排放的驱动因素上，为政府碳减排政策制定提供参考。杜强等（2015）建立了建筑业碳排放库兹涅茨曲线和弹性脱钩模型，以研究建筑业碳排放与经济增长之间的关系，并寻找影响其弹性脱钩的主要因素。胡姗等（2019）建立了中国建筑能耗和排放模型，合理计算建筑项目运行过程中产生的碳排放，并提出节能和低碳发展建筑业的建议。申娟娟（2019）在已有研究的基础上，采用碳足迹方法对建筑项目全生命周期碳排放来源进行研究和分析，从而提出相应的碳减排策略，为低碳建筑的建设和环境治理提供参考。Zhang等（2019）提出了基于全过程生命周期评价的中国建筑施工模型，找出了影响建筑业碳排放的主要驱动因素和影响方向。王静雯（2021）利用投入产出表对西北五省（区）建筑业的隐含碳排放进行测算。胡颖和诸大建（2015）将中国建筑业碳排放的时空演变划分为降低、稳定增长和快速增长三个阶段。Tan等（2018）建立了中国建筑业碳排放预测模型体系和评估碳减排潜力的模型，发现低碳政策只能减缓而不能完全抑制二氧化碳的排放，并且鼓励部门间合作，加强对碳减排协同管理和控制。LCA方法多用于评估单体建筑全过程碳排放，所需数据详细且计算结果精确度较高，仅有少数学者使用该方法从宏观角度分析省域或全国层面建筑碳足迹（张智慧和刘睿劼，2013；祁神军和张云波，2013）。建筑信息模型（BIM）是工程项目物理和功能特性的数字化表达，集成了建筑工程项目各种相关信息的工程数据，具有可视化、数据集成化、参数化、数据关联性等特点，为项目从设计到拆除全生命周期各阶段的所有决策提供可靠信息和依据，可以从根本上解决传统项目管理的缺陷，促进项目各参与方密切合作。将BIM与RFID技术、GIS技术相结合，进行施工进度控制、材料与安全管理，为工程项目全生命周期管理提供了新的契机（汪振双等，2015）。BIM技术整合了整个建筑行业的源代码，在整合海量全生命周期数据方面优势巨大，势必会促进建筑业碳排放智能化管理时代的到来（Guo，2024）。我国区域资源禀赋的差异性，经济发展和能源结构的不平衡，导致我国建筑业碳排放存在空间异质性。从已有的研究来看，建筑业碳排放的相关研究多集中在碳排放的核算方面，或运用计量经济学研究方法对区域层面建筑业碳排放影响因素和驱动效应进行研究，而忽视了对建筑业碳排放的空间异质性和变化趋势方面的研究。

2.2.2 建筑废弃物排放

近年来，随着新型城市化和城市更新活动的推进，以及特大自然灾害的影响，建筑废弃物对环境的影响问题日益凸显。全世界每年建筑废弃物的产量达到30亿吨（Akhtar et al.，2018）。目前，国内的建筑废弃物减量化水平与发达国家相比仍有差距，绝大多数建筑固体废弃物未得到处理便被非法倾倒或填埋，建筑废弃物处理的资源化率不足5%（汪振双和苏昊林，2018）。随着建筑业垃圾产生量的逐年快速增长，我国政府再次提出“加强固体废弃物和垃圾处置”，建筑废弃物减量化管理至关重要（陈家珑，2014）。我国的建筑废弃物治理起步较晚，经济社会发展“先污染后治理”的误区，导致目前很多地区都存在严重的“垃圾围城”现象。由于设计变更、物料运输、材料采购失误和贮存过程中的损坏等原因，施工过程是建筑废弃物的主要来源（Islam et al.，2019）。国外建筑废弃物回收利用率在60%~90%，而中国大部分建筑废弃物都是未经处理就被运到了郊外进行填埋处理（曹树爱等，2013）。产生建筑废弃物的影响因素主要包括施工方法选择、建筑类型和项目规模等（Mokhtar，2010；Nagapan，2012；Rahman et al.，2014）。Chakkrit Luangcharoenrat等（2019）对泰国建筑废弃物的产生的影响因素进行分析，指出设计和文件编制、人力资源、施工方法等是主要因素。为减少建筑废弃物的产量，必须清楚我国建筑废弃物排放的特征及各地区之间的差异。通过识别影响因素对建筑废弃物影响程度的区域差异，进而提出区域差异减量化管理措施。建筑废弃物减量化管理受到国内外学者的广泛关注。Rashidul等（2019）通过回归分析，提出一种利用废弃物生产率来估算建筑废弃物产生的方法，并分析出废弃物资源化所能够带来的经济效益。Kamyar等（2021）建立概念框架来评估建筑废弃物管理的有效性，并且通过利益相关者的态度、项目全生命周期、可持续性等主要因素来进行实证研究，结果表明利益相关者的态度是对建筑废弃物管理最有效的影响因素。Saheed等（2015）深入探讨了实现有效废弃物管理战略需要考虑的因素和策略，并总结出目前实行废弃物管理存在的5个主要障碍。目前国内研究中，对建筑废弃物减量化管理的探究大多从全局性出发（丁志坤等，2015），而忽略了区域建筑废弃物产量影响因素的空间异质性。目前我国各地区的发展状况并不均衡，建筑业的发展水平不一导致建筑废弃物排放量也具有较强的空间差异，以浙江和江苏两省为代表的华东地区的排放量在各年均遥遥领先，而青海、海南和宁夏的排放量较少，地区差异显著。因此，探究我国建筑废弃物排放量的空间异质性成为关键环节，以往建筑废弃物的管理大多没有考虑到建筑废弃物排放的空间异质性。

2.2.3 建筑业碳排放效率

学术界多采用全要素碳排放效率来测算建筑业碳排放效率。国内外学者利用SFA模型、DEA模型、SBM模型、三阶段SBM-DEA模型等对全要素碳排放效率进行测算（彭文斌等，2023）。其中，随机前沿分析（SFA）和数据包络分析（DEA）是评估全要素效率的常用方法。SFA通过构建或确定一种前沿生产函数并估计生产函数中的待定参数，将实际值与前沿相比得出效率值（Aigner et al.，1977）。SFA的优点是其综合考虑了随机因素的干扰和影响，然而不恰当的函数形式会对评估的结果产生较大影响。国内学者蔡火娣和韩兆洲

（2018）、李振冉等（2023）、韩君和牛士豪（2023）等学者采用SFA模型对中国省域碳排放效率进行了研究和分析。此外，陈钢等（2016）采用SFA模型对区域建筑业碳排放效率进行研究，发现在经济落后地区，建筑业的碳排放规模效益普遍偏低，区域经济发展水平与建筑业碳排放效率之间没有明显的相关性。除SFA方法外，DEA是目前应用最广泛的非参数法，适用于多投入、多产出的分析，其利用线性规划来建立确定的生产边界，然后比较决策单元（DMU）的相对效率（Fried et al.，2002）。传统DEA模型主要包括CCR和BCC两种径向模型。李乐乐等（2019）分别利用CCR和BCC模型，对山西省各地区2005年土地利用过程中的碳排放效率进行测算。马飞等（2021）应用BCC模型对中国30个省份2008—2017年的静态碳排放效率进行了研究。李建豹等（2020）则采用BCC模型，对江浙沪地区的碳排放效率进行测算。需要指出的是，CCR与BCC模型是对投入数据径向调整有限制的DEA模型，效率的最优结果是一种效益比例最大值，而不是效率实际最优值，忽略了松弛变量部分的影响，与实际情况误差较大（Li et al.，2019）。Tone（2001）提出的SBM模型解决了径向模型没有考虑无效率的测度和包含松弛变量影响的问题。此外，对于与环境有关的问题，现实情况则是希望得到更少的非期望产出。因此，非期望产出指标也应被纳入相关研究的评价指标体系中以增强模型的实用性。DEA模型的最大效率值为1，经常出现测算出的有效DMU的效率值均为1的情况，因此Anderson和Peterson（1993）提出了超效率模型，克服了DMU效率值相同这一缺陷。郑琰等人（2023）采用非期望产出的超效率SBM模型对长三角港口群2008—2020年主要港口的碳排放效率进行实证研究。杨扬和郭挂梅（2023）采用非期望产出的超效率SBM模型对中国2011—2019年航空企业的碳排放效率进行测算。此外，王少剑等（2020）应用考虑非期望产出的超效率SBM模型从市域角度出发，对中国整体及长三角区域的碳排放效率进行测算。SBM模型也被应用于诸多行业的碳排放效率研究中，如工业（郗永勤，2019；涂正革，2023；黄德春，2023）、交通运输业（王杰，2023；邵言波，2023；吕雁琴，2023）、旅游业（谭华云，2018；邵海琴，2020；贾国栋，2023）、农业（刘勇，2018；匡兵，2018；冉启英，2018）等。

随着我国经济的高速发展，各行业的碳排放量都达到了一个新的水平，如何提高行业的碳排放效率意义重大，已经成为重要课题。目前，国内外学者对各行业的碳排放效率问题进行了较为深入的探讨，但对于建筑业的碳排放效率问题却鲜有研究。建筑业是各个产业发展的基础，也是我国经济发展的重要动力，探索如何有效地提高建筑业的碳排放效率尤为重要。冯博等（2014）将能源、资本、劳动力和机械设备作为投入变量，将建筑工业的总产值和碳排放量作为期望产出与非期望产出，对中国30个省份2004—2011年的建筑业碳排放效率和变化趋势进行研究。涂正革（2023）、彭文斌等（2023）、边志强和钟顺昌（2023）、赵庆聪和焦佳佳（2023）、程杰晟和雷俊霞（2023）基于不同的投入产出指标，应用包含非期望产出的超效率SBM模型对建筑业碳排放效率进行核算。除传统的DEA模型和SBM模型外，Fried等（2002）提出的三阶段DEA方法将每个DMU置于相同环境中，克服了环境因素和随机干扰的影响，因此也被应用于部分建筑业碳排放效率的测度中（吕雁琴，2023；王新平，2023；吕周洋，2023；张明斗，2023）。已有建筑业碳排放效率的研究多集中在碳排放的非期望产出方面，而忽视了建筑废弃物的非期望产出。

2.2.4 建筑业碳排放效率的时空特征

建筑业是碳排放最多的行业之一。由于中国幅员辽阔，资源禀赋差异明显，各地区在经济发展水平和技术水平等方面均存在显著的差异，使得地区或行业的碳排放效率呈现出空间不均衡的特征。适度的建筑业碳排放效率差异利于资源的合理转移与配置，以更好地实现建筑业碳减排总体目标，促进建筑业的可持续发展。中国建筑业发展过程中各地区不平衡问题日益突出，建筑业的碳排放及碳排放效率问题也备受关注。衡量研究对象空间差异的传统方法主要有标准差（袁长伟，2016）、泰尔指数（胡剑波，2019）、变异系数（Du et al.，2020）、基尼系数（Clarke-Sather et al.，2011）等方法。其中，标准差和变异系数指标仅能描述地区差异的大小，而泰尔指数仅考虑子样本的不同，没有考虑子样本的分布状况，这些都影响到实证结果的精确度（刘华军，2015）。Dagum（1997）提出了Gini方法，既可以解释总体差异的来源，又可以揭示样本超变密度的贡献和影响。刘小兰与朱颖（2023）利用Dagum基尼系数及其分解方法，对长江经济带11省市2004—2019年物流业碳排放效率非均衡性原因进行研究。刘华军和赵浩（2012）将我国划分为东部、中部和西部三大区域，对全国碳排放强度的基尼系数进行测算和分解。鲍振（2014）依据Dagum基尼系数及其分解法，对中国农业碳排放的地区差异进行研究，结果发现中国农业碳排放的地区差异呈缩小态势，地区间差距是导致碳排放空间差异的主要来源。范建双与周琳（2018）利用Dagum基尼系数测算了中国城市与乡村之间的碳排放量的差距，研究发现，城镇与农村之间的差距总体上呈缩小态势。张苗等人（2023）采用Dagum基尼系数探究中国省域层面土地资源配置结构的均衡性，研究发现，中国碳排放强度空间分布不均衡现象显著，区域差异呈现增大趋势。

近年来，中国建筑业取得了长足的发展，但是由于历史遗留问题、技术水平和地理位置等多方面的原因，其发展中产生的区域失衡现象越来越显著。碳排放效率差异的度量问题也引起了学者们的重视。Ma等（2022）发现我国南部沿海地区建筑业碳排放效率组内基尼系数最大，而北部沿海地区与西北地区的建筑业碳排放效率组间基尼系数最大。Wang等（2021）结合已有空间差异的传统方法研究中国建筑业能源效率的空间差异特征。此外，空间分析方法也被用于研究碳排放效率的空间异质性，从国家、省域、市域等层面开展研究。探索性空间分析方法、标准差椭圆分析方法、核密度估计方法等被用于碳排放效率空间特征问题的分析（李建豹等，2017；高长春等，2016）。在建筑领域，范建双和周琳（2019）结合空间自相关和核密度估计方法研究了中国建筑业碳排放的时空特征，研究发现，中国建筑业碳排放不仅具有空间正相关性和空间集聚特征，而且区域间差距在不断扩大且两极分化现象严重。Li 等（2017）、Wen 等（2020）基于空间自相关分析和核密度估计方法探讨了中国建筑业碳排放强度和碳排放效率之间的空间依赖程度以及动态演化特征。建筑业碳排放效率在区域分布上呈现出明显的空间聚集特征（惠明珠和苏有文，2018），建筑业碳排放效率在空间上表现出较强的空间相关性，其中高-高聚集区主要分布在东部长三角沿海地区，低-低聚集区主要分布在东北、西南和西北地区（张广泰和贾楠，2019），这与郭芯羽（2018）、陈策（2019），冯博（2015）和Du（2021）等实证研究结果相一致。

综上所述，多数文献研究结果显示中国建筑业碳排放效率具有明显的空间异质性特征，但鲜有学者从时间与空间相结合的角度，充分挖掘中国建筑业碳排放效率差异的时空演化规律，更缺乏对建筑业减污降碳效率的探讨。可见，现有的对建筑业碳排放效率空间差异问题的研究有待进一步丰富和完善。

2.2.5 建筑业碳排放效率的影响因素

关于碳排放效率的影响因素的相关文献研究主要聚焦于省域（黄颖利，2023）和国家（卢娜等，2018；陈加友，2023）层面上，主要涉及农业（贾明军，2023）、铁路运输业（于克美，2020）、旅游业（王凯，2023）、交通运输业（董会忠，2023）等行业。常见的研究碳排放影响因素的方法主要有指数分解分析方法、结构分解分析方法和空间计量模型等（张旺和周跃云，2013）。其中，指数分解分析方法主要采用时间序列数据将碳排放的变化分解为不同的影响因素进行评估。结构分解分析方法主要采用投入产出数据分解影响碳排放或能源消耗的因素（Common and Salma，1992）。指数分解分析方法和结构分解分析方法并没有关注影响因素的空间效应问题，其假设研究区域是在空间上相互独立的。空间计量模型如空间误差模型（SEM）、空间滞后模型（SLM）、空间杜宾模型（SDM）等，考虑了空间依赖性，更能揭示影响因素之间的复杂关系（宋金昭等，2018）。卢娜等（2018）采用LMDI分解法，按规模效应、结构效应和技术效应三个方面对建筑业碳排放的影响因素进行分解。祁神军和张云波（2013）则根据Kaya恒等式指出降低能源结构强度和规模是建筑业进一步节能减排的关键所在。

目前，针对建筑业碳排放效率影响因素的研究在数量上缺乏，在研究的广度和深度上更是不足。王宁（2017）利用地理权重回归模型研究建筑业碳排放效率空间按异质性驱动的机制。建筑业碳排放效率与建筑业能源消费结构、发展程度、人口密度和科技水平等因素密切相关（冯博，2015）。冯新宇（2018）、王幼松等（2021）采用计量经济学模型，对中国建筑业碳排放效率的影响因素进行研究，发现中国建筑业碳排放效率主要与城市化率、能源结构、技术水平、市场化程度以及行业集中度等因素有关。此外，惠明珠和苏有文（2018）采用杜宾面板模型，对节能技术、能源消费结构、城镇化水平和资源禀赋等因素对建筑业碳排放量效率时空特征的影响进行了分析。Zhang等（2021）利用Tobit模型分析了中国建筑业发展水平、劳动力、能源结构、工程机械设备总功率和施工强度等内部因素对建筑业碳排放效率的影响。牛鸿蕾和刘志勇（2017）以及郑成强（2020）均采用计量经济学模型对建筑业碳排放效率的驱动因素进行研究。因此，在建筑业碳排放效率研究的基础上，探讨建筑业减污降碳效率时空格局及影响因素对区域减污降碳和低碳、绿色经济发展具有重要的指导意义。

2.2.6 文献评述

从以上国内外研究现状归纳分析可知，已有大量针对建筑业碳排放的测度、时空格局及影响因素的研究，为建筑业碳排放效率的研究提供了参考。建筑业在拉动国民经济快速发展的同时，产生大量的碳排放和废弃物排放，现有的研究主要集中在建筑业碳排放效率的研究方面，而忽视了建筑废弃物的排放影响，对建筑业减污降碳效率的研究仍较匮乏，更缺乏对建筑业减污降碳效率时空特征和驱动效应的研究。

（1）全要素排放效率研究方面。DEA 模型是应用最广泛的效率测度模型之一，其经历了不断的演变和发展。例如传统的径向DEA模型（CCR和BCC 模型等）忽略了非径向松弛，与现实大相径庭；而非径向SBM 模型同时考虑了等比例改进和松弛改进部分，但其在前沿面上的投影点是距离被评价DMU 最远的，影响了计算精度。从模型指标设定来看，建筑业减污降碳效率模型还需考虑到固体废弃物和废气等其他污染物排放，考虑建筑业的减污降碳、协同增效作用。

（2）建筑业减污降碳效率的时空演进方面。目前，研究人员在碳排放效率及其空间差异和动态演进方面已经取得了不少研究成果。已有学者从宏观视角出发，探讨了建筑业碳排放效率的时空特征，研究方法集中于探索性空间数据分析中的全局和局部空间自相关分析等空间分析方法。现有研究缺乏对建筑业减污降碳效率空间非均衡特征、差异来源及组成部分贡献程度的深入分析。此外，仅从某一时间截面分析减污降碳效率的空间差异特征不能反映其整体情况和演变路径，对其进行动态演进的分析是必要的，然而相关研究仍处于起步阶段。对建筑业减污降碳效率空间非平衡特征的地理描述，对多区域、多尺度的协同演化规律、动态变迁（如收敛、变动趋势预测）等更具现实意义的议题进行研究尤为重要。

（3）建筑业减污降碳效率空间关联方面。已有学者从建筑业碳排放效率的宏观视角出发，应用探索性空间数据分析中的全局和局部空间自相关分析等空间分析方法，探讨了建筑业碳排放效率的空间关联特征。已有研究从对变量的“属性”数据进行局域空间分析，逐渐过渡到对“关系”数据的总体研究。建筑业碳排放效率具有空间溢出效应和集聚特征，采用社会网络分析法能更好地刻画建筑业减污降碳效率的空间网络结构演变特征，全面揭示建筑业减污降碳效率空间关联网络的形成机理。社会网络分析法可以对定量数据做出定性分析，对建筑业减污降碳效率空间关联关系做出“微观层面”的解释，完善了建筑业可持续发展理论。

结合区域经济、自然地理、资源环境等多学科方法，全面刻画全国、区域、省域视角下的建筑业减污降碳效率时空动态特征，并从经济学视角阐述建筑业减污降碳效率的变迁规律、传导机制和作用机理，才能破解造成中国建筑业高能耗、高排放和发展不平衡、不充分的主要问题，为“双碳”目标实现和建筑业低碳、高效发展提供行之有效的政策建议。

2.3 理论基础

2.3.1 可持续发展理论

人类进入20世纪后，人口激增、全球变暖、土地沙漠化、资源枯竭、经济危机等使得全世界的发展观向“可持续发展”转变。1987年，世界环境与发展委员会在《我们共同的未来》报告中，提出了“可持续发展”的概念，“既满足当代人的需求，又不危害后代人满足其自身需要的发展”，包含了经济、环境和社会公平三个互相依存的维度，并全面呼吁各国和地区接受可持续发展理念并将其纳入经济社会发展目标。在1992年联合国环境与发展会议上，将其纳入各国的政策和实践当中。经济维度关注创造持久的经济增长；环境维度关注保持生态系统的健康和稳定，确保自然资源得以持续利用；社会公平维度强调在发展过程中应保障社会的公平性和包容性。这三方面的协调发展对于实现可持续发展至关重要（汪振双，2023）。因此，可持续发展要求在实施各种规划和政策时，同时考虑社会、经济、环境的影响和需求。可持续发展理论的核心是发展，是使经济与社会发展形成良性循环，要求人类在满足自身需求的同时顾及发展与生态环境保护之间的关系，促进人类与自然的和谐共生。追求公平性发展，经济建设和社会发展不能超越自然资源与生态环境的承载能力，以促进人类之间以及人类与自然之间的和谐。可以看出，可持续发展理论已改变了以追求GDP为主的发展模式，取而代之的是实现社会–经济–环境的综合协调发展（杨赫姣，2022）。减少碳排放、控制温室效应、缓解气候变暖已经成为全球可持续发展关注的焦点和重要议题。提高区域碳排放效率、提高经济发展质量是可持续发展的必然选择（刘晓君，2021）。

目前，二氧化碳的大量排放已经受到全世界各个国家和地区的普遍关注，因温室效应引发的一系列灾害给人类社会的可持续发展带来严峻挑战，威胁人类生存和未来发展。大力实施可持续发展战略有利于促进生态、社会和经济的共同发展。因此，减少温室气体排放特别是开展二氧化碳减排是遵循可持续发展理念的必经之路和关注的重点。中国建筑业具有典型的“高能耗、高排放”特征，不仅产生大量的碳排放，而且在施工、拆除和装饰过程中会产生大量的建筑废弃物，因此应在促进经济增长的同时，降低对环境的污染和破坏，实现可持续发展。推动建筑业可持续发展是建设领域贯彻党的二十大精神，落实全面、协调、可持续的发展观，统筹经济社会发展、人与自然和谐发展的重要举措。建筑业的可持续发展，要求在保障建筑质量、工程安全等的基础上，通过科学有效的管理和现代技术，最大程度节约建筑资源，实现减污降碳、协同增效。可持续发展理论为本书开展建筑业减污降碳效率的相关研究奠定了理论基础。提高建筑业减污降碳效率旨在减少建筑业碳排放和建筑废弃物排放，实现建筑业的高质量发展，使建筑业由“高能耗、高排放”的粗放型发展方式向绿色、低碳的可持续发展方式升级转型。

2.3.2 产业经济学理论

产业经济学是一门研究资源在产业内部和产业间的配置，以及市场中各厂商行为及其之间的关联结构和行为结果的一门学科。产业经济学主要以某个特定产业为研究对象，并以市场结构、市场绩效、市场行为和产业组织政策为基本理论框架，主要的研究视角包括产业视角和企业视角。产业视角是研究产业内部各企业之间的市场关系，而企业视角是研究企业内部的组织结构与协调问题。从产业组织的发展规律以及产业之间的相互作用规律来看，产业经济学更好地揭示了产业发展的内在逻辑和复杂关联。政府在产业经济中也扮演着重要角色，影响企业行为和市场结果。林毅夫（2017，2020）积极倡导“有为政府”，强调政府在国家经济发展过程中应充分发挥其引导作用，实现资源的有效配置。政府通过制定产业发展政策，促进资源合理优化配置，弥补市场失灵对经济发展带来的不利影响。

现阶段，产业经济学理论日渐成熟，包含结构、组织、政策、布局、安全等多方面内容。其中，产业布局理论是基于空间视角探讨产业间的资源有效配置问题。在有限资源与无限需求的矛盾下，产业布局理论的研究重点是实现产业优势配套组合与空间分布形态的合理配置。产业在区位上的聚集，能够发挥其规模经济效应、技术进步效应、知识溢出效应和人才聚集效应等。一般均衡理论、增长极理论、中心-外围理论等区域非平衡理论进一步拓展了产业布局理论的研究广度与深度（郑成强，2020）。区域建筑业的生产与消费活动，可能会对周边地区劳动力、贸易合作、资本等产生影响。该理论强调通过制定产业发展政策促进资源优化配置，弥补市场失灵对经济发展带来的损害，而省域建筑业减污降碳效率也可能通过技术溢出影响到产业空间布局。在资源有限性与环境脆弱性的约束条件下，产业规模、产业结构和技术的外部性都将对建筑业污染物排放、经济增长和空间集聚产生影响，产业空间布局理论为建筑业减污降碳效率的时空特征、动态演化和空间关联网络的研究奠定了基础。

2.3.3 低碳经济理论

气候变化引发的全球生态环境危机问题日益突出，对经济发展抑制作用凸显。环境污染物排放负外部性是气候和环境问题的主要根源和矛盾。低碳经济理论在应对气候变化的基础上应运而生，其涉及环境经济学、可持续发展理论、资源经济学及循环经济理论，追求可持续发展理论所倡导的低碳环境与人类社会的和谐统一。低碳经济理论主要包括目标性、整体性和渐进性三个方面的特征，其为本书的研究提供了重要思路，通过建筑业经济发展水平提升、产业结构优化和技术进步等，以规模效应、结构效应和技术效应推动建筑业减污降碳效率的改进和提高，达到建筑业经济社会发展与生态环境保护双赢的发展格局。低碳经济理论还要解决政府与市场关系的问题，充分发挥政府在给定外部性、不完备信息等市场失灵情形下的作用，通过调节和服务，使环境污染的成本被企业尽可能地内部化，从而达到社会效益最优。可以看出，低碳经济理论包含在可持续发展理论内涵之中，强调自然资源的合理利用与污染物排放的减量化，但该理论更侧重于技术和制度创新，通过低碳技术和低碳制度的探索创新，降低经济发展过程中对环境的破坏（厉以宁，2017）。

低碳经济理论在建筑业中的发展是建筑业可持续发展的内在要求，也是经济社会高质量发展的必然要求。建筑业是高耗能行业，在建筑项目全生命过程中，消耗的资源和能源巨大，这造成当前我国能源较为短缺的突出问题，而这一突出问题也恰恰倒逼建筑业发展低碳经济。此外，在全球气候问题日益严峻的背景下，进行低碳经济理论研究对世界各国和地区来说更具紧迫性和必要性。低碳经济在各个行业和领域中逐渐发展起来。从低碳经济的研究内容上来看，通过低碳技术革新、低碳产品开发以及新能源的使用等途径来实现碳减排的目标。需要说明的是，在本质上，低碳经济发展并非单纯强调碳排放量的减少，而是要求引入新的经济发展模式，在实现减排效率提升的同时，通过变革经济发展范式，达到生态环境保护与经济社会效益协调发展，这也为本书的研究指明了方向。

2.3.4 效率理论

“效率”一词源于物理学研究中，指的是输入能量与输出能量之间的比值。效率延伸到经济领域中，被赋予了经济学的研究内涵。古典经济学家亚当·斯密在《国富论》中倡导的经济自由主义和劳动生产率蕴涵深刻的经济效率思想内涵，一方面将效率视为劳动生产率提高，另一方面将自由市场经济体制视为最有效率的。劳动分工的扩大最大程度上优化了劳动利用效率，提高了单位时间内劳动力所创造的价值。经济学家从不同的角度对效率进行了解释，如帕累托最优称为帕累托效率。萨伊在继承斯密思想的基础上，提出“萨伊定律”，有效地说明了古典宏观经济学的稳定性和效率的有效性。效率可分为技术效率和配置效率两种类型。技术效率倡导在自由体系下宏观经济的自动均衡，资源不会出现“冗余”问题。新古典经济学主要集中于配置效率的研究，通过供求局部均衡分析方法，进而提出完全竞争市场配置效率最优，以减少浪费，实现社会福利最大化。配置效率反映企业或部门为获得最大净利润而按照最优要素投入比例进行生产的能力。对于建筑业而言，想要实现高质量的经济发展，必须采取相关技术措施，最大限度降低二氧化碳排放量和建筑废弃物排放量（谢丹阳，2019）。因此，在经济分析中引入碳排放效率可以显著提高经济分析的科学性和准确性。在经济生产过程中，由于自然资源的稀缺性，以及人类需求的无限性，在效率的视角下，效率理论被广泛运用于指导经济系统的生产与研究，用于评价经济系统生产单元在生产过程中能否达到最优的要素投入和经济产出，以及最少的生产资料损耗。与此同时，生态环境的脆弱性使得人们在研究经济效率的同时也注意到减轻环境损耗的必要性，也由此产生了“碳排放效率”、“工业碳排放效率”、“农业碳排放效率”、“旅游碳排放效率”和“土地碳排放效率”等衡量经济与环境协调发展的议题（姜志刚，2009），以期以最少的环境污染、要素投入，获得最优的经济产出。本书所研究的建筑业减污降碳效率是将碳排放和建筑废弃物排放作为建筑业环境污染非期望产出，通过构建建筑业减污降碳效率模型，来评价区域建筑业可持续发展和资源配置的综合能力。

2.3.5 经济收敛理论

从长远来看，当经济增长时，研究对象的某种指标差异将逐步缩小到一个特定的区间，即所谓的“收敛”。自从Baumol和Barro等对经济增长的收敛特征进行开创性探索以来，国内外学者开始对生产率、全要素生产率、经济发展差异的收敛性问题展开研究。20世纪20年代，随着英国与德国工业的发展，一些学者将两者进行了比较，结果显示，尽管德国的工业革命起步较晚，但在速度、广度、深度等方面，都超越了英国。他们相信，德国可以利用自己的后发优势，从英国的实践中汲取经验，并引入先进的技术。德国与英国的差距逐渐缩小，最后超越英国（袁永科，2019）。发达国家的发展经验使得中国在 “双碳”目标的大环境下，对二氧化碳排放量的测量和收敛研究更加迅速和深入（徐均，2004）。新古典经济发展模式是指在一定的生产功能和效用函数下，最终实现经济体一定的稳定平衡。接近这个稳定状态的过程就是收敛，相反则是扩散。新古典经济发展模式所揭示的经济收敛性，为以后的研究打下了坚实的基础（徐均，2004；姜志刚，2009）。在这一背景下，我国出现了内生增长理论，并对其收敛性进行了分析。内生增长理论认为，经济发展的长期动力来源于制度内，而非制度外（齐绍洲，2010）。新古典经济发展模式不能很好地解释各国的长期增长率差距，而且它的收敛理论也不能被实际应用所证实。已有的研究大多基于传统收敛理论，假设各地区之间相互独立，不存在要素资源交互流动。近年来，在城市群经济快速发展的背景下，需要考察绿色经济效率收敛的空间效应。本书基于经济收敛理论探究建筑业减污降碳效率，将收敛模型纳入建筑业减污降碳效率的评价指标体系中，为评价建筑业减污降碳、协同增效提供了框架思路和经验证据。此外，通过收敛模型对建筑业减污降碳效率的收敛性进行检验，能够更好地揭示建筑业减污降碳效率协同提升存在的多重空间交互作用和收敛演化规律，为缩小建筑业减污降碳区域差距提供有益参考。

2.3.6 “两山”理念

“两山”理念由习近平总书记提出，“两山”分别指“绿水青山”和“金山银山”。“两山”理念为社会主义生态文明建设提供科学的世界观和方法论指导，也为世界生态保护事业贡献了中国智慧。这一理念的核心内涵就是：经济发展过程中既要“金山银山”，还要“绿水青山”，为实现人与自然和谐共生的现代化提供了新思路。2005年，习近平同志首次提出“我们既要绿水青山，也要金山银山”的科学论断。随后，在同年其发表的文章《金山银山也是绿水青山》中，对“两山”之间转换关系进行了初步探索。2013年，习近平总书记再次探讨了“两山”之间的辩证关系，并多次在讲话中强调不仅要坚持生态优先，即“宁要绿水青山，不要金山银山”，还要经济增长，即“既要绿水青山，也要金山银山”，进而揭示了自然资源和生态环境的生产属性，即“绿水青山就是金山银山”，进一步完善“两山”理念内涵。2017年，在党的十九大报告中明确将“两山”理念作为党和国家生态文明建设的重要指导思想。

良好的生态环境是增强人民生活幸福感的重要因素，是普惠的民生福祉。良好的生态环境也是经济社会发展的支撑，将生态文明建设纳入考量之中，推动实现更高质量、更有效率、更加公平、更可持续、更为安全的发展。从经济学视角来看，“两山”理念深刻阐述了资源有效转化和资源优化配置问题，“金山银山”强调经济的繁荣发展，“绿水青山”强调生态环境健康，生态优势变成经济优势，形成一种浑然一体、和谐统一的关系。

建筑业作为国民经济的重要支柱产业，在迅猛发展的同时，也带来了一些生态环境问题。实现建筑与环境的和谐统一，将建筑设计与绿色、节能、环保、经济有机融合，实现真正的绿色建筑，则是对“两山”理念最具体的实践。忽视建筑业社会、经济和生态效益的协调统一，一味地追求建筑业的“金山银山”，终将与建筑业可持续发展背道而驰。“两山”理念系统剖析了经济发展与生态环境在演进过程中的相互作用关系，深刻揭示了经济社会发展的基本规律，是引领和指导中国走向生态文明建设之路的理论之基。建筑业的发展极大地促进了我国经济增长和人民生活水平提高，但建筑业传统粗放式生产方式消耗了大量能源、资源，对环境产生了严重污染，导致建筑业经济增长与资源的矛盾突出，这将极大地削弱中国建筑业的可持续发展。因此，本书基于“两山”理念探究建筑业减污降碳、协同增效，以期促进建筑业低碳、绿色发展，实现人与自然的和谐相处。

2.3.7 协同效应理论

协同效应原本为一种物理化学现象，即两个或以上组分调配在一起产生的作用大于各自单独作用的总和，即“1+1>2”的效应。1971年，德国物理学家赫尔曼·哈肯提出了协同的概念，1976年系统地论述了协同理论，并发表了《协同学导论》等著作。协同效应理论认为在整个环境系统当中，各个系统间存在着相互影响而又相互合作的关系。社会现象亦如此，如企业组织中不同单位间的相互配合与协作关系，以及系统中的相互干扰和制约等。协同效应可分为外部协同和内部协同，其中，外部协同是指一个集群中的企业由于相互协作共同进行业务行为并共享特定资源，因而获得更高的赢利能力；而内部协同则指在企业生产、营销、管理中的不同环节和不同阶段，共同利用同一资源而产生的整体效应。例如，并购后企业的竞争力增强，净现金流量超过两家公司预期现金流量之和。

生态环境领域中的协同效应是在联合国政府间气候专门委员会第三次评估报告中首次提出的，指因不同原因而同时实施的多项政策措施所带来的效益（周丽等，2020；郑佳佳等，2015）。一项政策或措施的实施必定“事出有因”，其中“因”是指该政策直接作用的方面。协同效应是相对于政策对直接作用对象产生的直接效益而言，指政策实施后产生的非意愿性的额外正向影响，是政策正外部性的体现。生态环境领域的协同效应是指为减缓气候变化而制定的政策也会考虑其他目标，如在制定温室气体排放政策时会将经济可持续发展考虑在内。随着近年来气候变化与环境污染问题越来越受到全世界的关注，针对环境政策的协同效应研究与日俱增。

在建筑业发展过程中，碳排放与建筑废弃物排放具有同源性，以减少建筑废弃物排放为目的的气候政策同样也能够削减建筑业碳排放。在应用建筑废弃物排放与碳减排协同效应时，归纳起来可表述为：通过技术创新、管理优化和政策引导等手段，减少建筑废弃物排放和降低二氧化碳排放，从而实现环境改善与气候目标的双重效果。中共中央政治局第二十九次集体学习时提出减污降碳协同效应，研究角度从单边转向双边，开始将减污和降碳进行综合考虑。将减污和降碳相结合进行研究，是以建筑废弃物排放和碳排放具有协同增效这一结论为前提条件的。因此，本书提及的建筑业减污降碳中的“污”表示建筑废弃物排放量，“碳”表示建筑业二氧化碳排放量，承认建筑废弃物和二氧化碳排放量的协同作用，并在进行建筑业减污降碳效率测算时将二者同时考虑在内。

协同效应理论认为整个环境中的各个系统间存在着既相互影响又相互合作的关系，减污和降碳的协同是在不给对方造成损失的条件下增加己方的福利。协同效应的存在使得实施某项政策在达到主要目标的同时产生其他额外效果，这有利于提高政策的经济性。建筑业在高质量发展过程中面临着碳排放和废弃物治理的双重挑战，应基于协同效应视角统筹考虑，同步推进减污与降碳双重任务的完成，这有助于利用最少的资源实现经济和生态效益最优，从而实现减污和降碳等多目标的“帕累托最优”。

2.4 本章小结

本章主要包括核心概念界定、文献综述以及理论基础三部分内容。其中，在基本概念界定方面，主要对本书中所涉及的效率、建筑业碳排放、建筑废弃物、减污降碳，以及建筑业减污降碳效率等核心概念进行辨析和梳理。在相关文献综述方面着重总结和梳理了建筑业碳排放、建筑废弃物排放、建筑业碳排放效率、建筑业碳排放效率的时空特征和影响因素等五个方面展开。在梳理现有相关研究成果的基础上，对建筑业减污降碳效率研究进行进一步总结，阐述本书的研究视角和内容的创新之处。在理论基础部分，对本书中涉及的可持续发展理论、产业经济学理论、低碳经济理论、效率理论、经济收敛理论、“两山”理念和协同效应理论进行回溯和整理，为建筑业减污降碳效率的实证研究提供理论基础。

3

建筑业减污降碳效率

如何表征建筑业减污降碳效率的帕累托最优？受研究所涉及的数据和模型等因素的约束，本书基于建筑业碳排放与建筑废弃物排放定义和核算方法，在综合分析中国建筑业碳排放和建筑废弃物排放现状与存在问题的基础上，科学选取效率模型的投入产出指标，利用三阶段SBM-DEA模型和Malmquist-Luenberger模型，对中国30个省建筑业减污降碳静态效率与动态效率进行分析，从全国、区域和省域层面探究我国建筑业减污降碳效率，以协同推进建筑业降碳、减污、扩绿、增长，促进节约集约、绿色低碳发展。

3.1 建筑业减污降碳效率三阶段SBM-DEA模型

三阶段SBM-DEA模型由Fried在2002年首次提出。其中，第一阶段，对投入产出数据进行一般DEA方法分析，本书采用规模报酬可变的BCC模型进行建筑业减污降碳效率的测算；第二阶段，运用SFA方法，分析环境变量对松弛变量的影响，并对各决策单元的投入和产出数据进行相应调整，消除环境变量和随机误差对建筑业减污降碳效率的影响；第三阶段，将第二阶段调整后的投入数据与产出数据重新代入第一阶段DEA分析模型中，测量消除环境变量和随机误差影响的建筑业减污降碳效率的实际值。

3.1.1 第一阶段模型构建

1）生产可能性集的构建

假设系统中存在$l = 1, \cdots, L$个决策单元（DMU），其中决策单元l投入m种要素在模型中对应有m个投入$x_i = (i = 1, \cdots, m)$，q个期望产出$y_{nr} = (r = 1, \cdots, q)$，和$h$个非期望产出$z_k(k = 1, \cdots, h)$。

向量s_i^-表示建筑业投入的松弛变量，s_i^+表示建筑业期望产出的松弛变量，s_k^-表示建筑业非期望产出的松弛变量，则生产可能集构建如下：

$$\begin{aligned} p = \Big\{\big(x_n^t,\ y_n^t,\ z_n^t\big):& \sum\nolimits_{t=1}^{T}\sum\nolimits_{n=1}^{N} x_{ni}^t\lambda_n^t \leqslant x_{ni}^t;\ \sum\nolimits_{t=1}^{T}\sum\nolimits_{n=1}^{N} y_{nr}^t\lambda_n^t \geqslant y_{nr}^t;\\ &\sum\nolimits_{t=1}^{T}\sum\nolimits_{n=1}^{N} z_{nk}^t\lambda_n^t \leqslant z_{nk}^t;\ \lambda_n^t \geqslant 0\Big\} \end{aligned} \tag{3-1}$$

式中，$(x_n^t,\ y_n^t,\ z_n^t)$表示该模型的最优解，x_{ni}^t，y_{nr}^t，z_{nk}^t分别表示第n个决策单元的第i种投入、第r种期望产出、第k种非期望产出，λ_n^t为权重。

2）考虑非期望产出的超效率SBM模型构建

对于某一特定的决策单元DMU而言，本书中使用的超效率SBM模型如下：

$$\rho = \min_{\lambda,\ s^-,\ s^+} \frac{1 + \frac{1}{m}\sum\nolimits_{i=1}^{m}\frac{s_i^-}{x_{i0}^t}}{1 - \frac{1}{q+h}\left(\sum\nolimits_{r=1}^{q}\frac{s_r^+}{y_{r0}^t} + \sum\nolimits_{k=1}^{h}\frac{s_k^-}{z_{k0}^t}\right)} \tag{3-2}$$

$$\begin{aligned} \text{s.t.} &\sum_{t=1}^{T}\sum_{j=1,\ j\neq 0}^{n} x_{ij}^t\lambda_j^t - s_i^- \leqslant x_{i0}^t,\ i = 1,\ 2,\ \cdots,\ m;\\ &\sum_{t=1}^{T}\sum_{j=1,\ j\neq 0}^{n} y_{rj}^t\lambda_j^t - s_r^+ \leqslant y_{r0}^t,\ r = 1,\ 2,\ \cdots,\ q;\\ &\sum_{t=1}^{T}\sum_{j=1,\ j\neq 0}^{n} z_{ij}^t\lambda_j^t - s_k^- \leqslant z_{k0}^t,\ k = 1,\ 2,\ \cdots,\ h;\\ &\lambda_j^t \geqslant 0(\forall j),\ s_i^- \geqslant 0(\forall i),\ s_r^+ \geqslant 0(\forall r),\ s_k^- \geqslant 0(\forall k) \end{aligned} \tag{3-3}$$

式中，ρ表示规模报酬可变情况下的最佳效率；x_{ni}^t，y_{ri}^t，z_{ki}^t分别表示在t时期各个决策单元的第i种投入、第r种期望产出、第k种非期望产出；s_i^-，s_r^+，s_k^-分别表示在t时期第i种投入、第r种期望产出、第k种非期望产出的松弛变量；λ_j^t表示在t时期的权重。

3.1.2 第二阶段SFA模型构建

第一阶段测算出的建筑业投入产出松弛变量会受到环境变量、随机误差和建筑业内部管理等因素的影响。因此，在第一、三阶段的模型中，无法识别不同影响因素的影响程度，只会把松弛变量产生的原因全部归属于管理层面的无效率。因此，接下来需要构建SFA模型分析不同影响因素对松弛变量的影响程度，进而调整建筑业投入产出变量。这一阶段构建的SFA回归方程如下：

$$S_{il} = f\left(z_l;\ \beta_i\right) + v_{il} + \mu_{il} \tag{3-4}$$

式中，S_{il}表示第l个决策单元（DMU）在第i项投入的松弛变量。其中，l取值为l=1，…，L，i取值为i=1，2，…，m；$z_l = (z_{11} + z_{22} + z_{mL})$表示建筑业投入本模型的$p$个环境变量：$\beta_i$表示对第$i$个松弛变量进行SFA回归时环境变量的影响系数。

接下来，定义$f(z_l;\ \beta_i)$为环境变量对投入松弛变量的影响程度，v_{il}为第l个决策单元的第i项投入变量产生的随机误差项，μ_{il}为第l个决策单元的第i项投入变量产生的管理无效率，$v_{il} + \mu_{il}$为综合误差。假设μ_{il}~$N^+(\mu_i,\ \sigma_\mu^2)$，即$\mu_{il}$服从截断正态分布，$v_{il}$~$N(0,\ \sigma_\mu^2)$，$\mu_{il}$与$v_{il}$相互独立，$p$个环境变量也相互独立。定义$\gamma = \dfrac{\sigma_\mu^2}{\sigma_\mu^2 + \sigma_v^2}$，当$\gamma \to 1$时，说明在综合误差中管理无效率占据主要地位，当$\gamma \to 0$时，说明在综合误差中随机误差项占据主要地位。

采用极大似然估计法来估计公式中的未知参数，由于DEA模型测算结果中不能出现负数，因此，Fried在2002年的研究中按照以下公式进行调整，可保证所有投入数据均为正数，具体如下：

$$\hat{x}_{il} = x_{il} + \left[\max_l\left\{z_l\widehat{\beta}_i\right\} - z_l\widehat{\beta}_i\right] + \left[\max_l\left\{\hat{v}_{il}\right\} - \hat{v}_{il}\right] \tag{3-5}$$

式中，$\hat{x}_{il}$表示调整后的投入数据。公式（3-5）中第一个中括号表示对所有的投入数据中受环境变量影响部分的处理，处理的效果是让所有的决策单元处于相同的环境变量中，剔除投入数据中环境变量对测算结果的影响。公式（3-5）中第二个中括号表示对所有的投入数据中受随机误差影响部分的处理，处理的效果是让所有的决策单元具有相同的随机误差，剔除投入随机变量中随机误差对测算结果的影响。

3.1.3 第三阶段模型构建

将调整后的投入变量与初始的产出变量，投入到第一阶段非期望产出的超效率SBM模型中，得到剔除环境变量和随机误差的影响后各决策单元的真实效率值。与DEA的基本模型相比，三阶段SBM-DEA模型借助SFA回归分析，剔除了环境变量和随机误差的影响，其计算出的各决策单元的效率值能够反映出真实的效率水平，结论更加客观科学。

3.1.4 指标选择

在DEA中，一般使用各决策单元的投入产出数据建立生产前沿面。在此基础上，计算各决策单元到生产前沿面的距离来衡量其效率值。所以在数据包络分析模型的计算过程中，建筑业的投入产出指标的选取尤为重要。图3-1为建筑业减污降碳协同效率概念图。

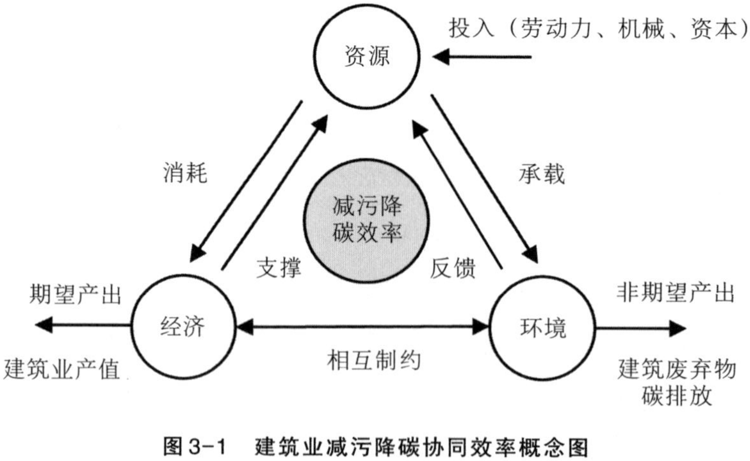

图3-1 建筑业减污降碳协同效率概念图

在大气污染排放效率、碳排放效率、协同减排效率和生态效率的研究基础上（涂正革和甘天琦，2019），本书采用三阶段超效率SBM模型，在图3-1的研究框架下，构建建筑业减污降碳效率评价指标体系，如表3-1所示。通常情况下选择投入变量、产出变量、环境变量时应当满足以下几个要求：全部变量不能有负值；无须考虑量纲的影响；投入产出变量之间应当有逻辑上的关联性；选择变量的总数应当适量。

表3-1 **变量汇总表**

变量类型	变量名称	变量度量
投入变量	劳动力投入	建筑业年末从业人数，万人
	机械投入	建筑企业自有施工机械设备年末净值，万元
	资本投入	建筑企业年末固定资产原价，亿元
产出变量	经济产出	建筑业产值，亿元
	二氧化碳排放	建筑业碳排放总量，百万吨
	建筑废弃物	建筑废弃物排放总量，万吨
环境变量	居民消费水平	GDP中居民消费总额/年平均人口，元/人
	建筑业从业人员占比	建筑业从业人员/劳动者总数，%
	城镇化水平	城镇地区户籍人口/总人口，%
	技术进步	机械设备净值/从业人员年平均人数，元/人

数据来源：30个省份2010—2020年统计年鉴。

1）投入产出指标的选择

本书采用考虑非期望产出的超效率SBM模型测算我国30个省份2010—2020年的建筑业减污降碳效率。从建筑业的角度来分析，劳动力、机械与资本是不可或缺的投入。在建筑业的生产过程中，除了会得到建筑业产值这种期望产出之外，还会产生二氧化碳以及建筑废弃物这种我们不希望得到的非期望产出。考虑到数据获取的可能性与便利性，本书选取我国除西藏、香港、澳门、台湾地区之外的30个省级行政区作为研究对象，获得了30个省份2010—2020年的各项统计数据，数据均来自2010—2020年《中国统计年鉴》《中国建筑业统计年鉴》《中国能源统计年鉴》。

投入变量有劳动力、机械、资本三个。对于劳动力投入变量，本书采用各地区年末建筑业从业人数作为指标，单位万人；对于机械投入变量，本书采用各地区建筑企业自有施工机械设备年末净值作为指标，单位万元；对于资本投入变量，本书采用各地区建筑企业年末固定资产原价作为指标，单位亿元。

产出变量有期望产出与非期望产出两种。期望产出为经济产出，本书采用各地区建筑业产值作为指标，单位为亿元。非期望产出为各地区二氧化碳排放量及建筑废弃物排放量，本书采用各地区建筑业碳排放总量作为二氧化碳排放量指标，即［建筑业间接碳排放量（钢材碳排放+木材碳排放+水泥碳排放+玻璃碳排放+铝材碳排放）+能源碳排放量（原煤排放+型煤排放+焦炭排放+焦炉煤气排放+汽油排放+煤油排放+柴油排放+燃料油排放+液化石油气排放+天然气排放+热力排放+电力排放）］/1 000 000，单位百万吨；采用各地区建筑废弃物排放总量作为建筑废弃物排放量指标，即（建筑废弃物排放量+拆除废弃物排放量+装修废弃物排放量）/10 000，单位万吨。

2）环境变量的选择

环境变量对建筑业减污降碳效率的影响是显著的，要得出2010—2020年全国30个省的实际建筑业减污降碳效率，必须考虑环境因素。本书以居民消费水平、建筑业从业人员占比、城镇化水平和技术进步为环境变量。

（1）居民消费水平

居民消费水平的提高，一方面意味着对建筑的需求增加，同时也促进了建筑业的技术进步，使二氧化碳排放量在某种程度上下降；另一方面，居民消费需求的增长使得建筑业不断扩大规模，从而加大了对能源、材料的消耗。这些资源的不合理利用和管理会导致二氧化碳排放量上升，环境负荷加重。因此，居民的消费水平对建筑业的二氧化碳排放量有很大的影响。本书选取GDP中居民消费总额与年平均人口之比作为评价指标，单位元/人。

（2）建筑业从业人员占比

随着建筑业的迅速发展，建筑工人的数量也在增长。建筑业从业人员占比的增长，意味着建筑材料的消耗和建筑活动的增加，这两者都会带来大量的二氧化碳排放与建筑废弃物产出。本书选取建筑业从业人员与劳动者总数之比作为评价指标，单位%。

（3）城镇化水平

城镇化的乡村人口影响了建筑业的供求关系。随着我国农村人口的城市化发展，对住房、基础设施等方面的要求不断提高，从而促进了建筑业的发展。为了适应日益增长的人口需求，城市必须修建更多的住宅、商业建筑和公共设施，这在促进了建筑业发展的同时，也提高了建筑业的二氧化碳排放与建筑废弃物的产出。本书选取城镇地区户籍人口与总人口之比作为评价指标，单位%。

（4）技术进步

随着我国经济的迅速发展，建筑业的重要性越来越突出。建筑业的二氧化碳排放主要来源于电力、燃气等能耗。建筑业技术效率的提升，是促进建筑业二氧化碳排放效率优化和升级的关键。本书选取技术装备率，即机械设备净值/从业人员年平均人数作为评价指标，来表示建筑业技术进步情况，单位元/人。

3.1.5 地区划分

依据全国经济地区划分，本书将全国分为东部地区、中部地区、西部地区和东北地区。

3.2 建筑业减污降碳静态效率分析

3.2.1 初始阶段SBM效率结果分析

根据建筑业减污降碳效率初始值，展示2010—2020年间各省份建筑业减污降碳效率分布特征，见表3-2。

表3-2 2010—2020年各省份建筑业减污降碳效率分布

地区	省份	2010	2011	2012	2013	2014	2015	2016	2017	2018	2019	2020	均值
东部地区	北京	0.50	0.59	0.60	0.62	0.68	0.68	0.78	1.00	1.00	0.91	1.00	0.76
	天津	0.45	0.61	0.57	0.80	1.00	0.55	0.65	1.00	0.56	1.00	1.00	0.74
	河北	0.17	0.21	0.23	0.26	0.29	0.25	0.30	0.28	0.25	0.40	0.49	0.28
	上海	0.37	0.34	0.39	0.45	0.41	0.46	0.56	0.52	0.71	0.53	1.00	0.52
	江苏	0.22	0.24	0.24	0.32	0.37	0.36	0.38	0.42	0.45	0.54	0.52	0.37
	浙江	0.25	0.31	0.33	0.37	0.40	0.41	0.44	0.48	0.59	0.48	0.53	0.42
	福建	0.19	0.24	0.27	0.29	0.31	0.32	0.34	0.39	0.43	0.49	0.55	0.35
	山东	0.15	0.19	0.20	0.22	0.24	0.23	0.26	0.29	0.38	0.44	0.50	0.28
	广东	0.18	0.23	0.27	0.27	0.29	0.35	0.39	0.48	0.56	0.68	0.86	0.41
	海南	0.36	0.52	0.62	0.62	0.55	1.00	0.62	0.66	0.70	1.00	1.00	0.70

续表

地区	省份	2010	2011	2012	2013	2014	2015	2016	2017	2018	2019	2020	均值
中部地区	山西	0.30	0.35	0.37	0.41	0.39	0.32	0.40	0.43	0.50	0.72	0.75	0.45
	安徽	0.17	0.22	0.25	0.28	0.30	0.33	0.35	0.39	0.45	0.51	0.67	0.36
	江西	0.20	0.26	0.30	0.32	0.38	0.38	0.43	0.49	0.57	0.73	0.90	0.45
	河南	0.16	0.20	0.22	0.24	0.24	0.25	0.27	0.36	0.36	0.51	0.54	0.30
	湖北	0.17	0.20	0.22	0.27	0.30	0.31	0.36	0.41	0.45	0.65	0.73	0.37
	湖南	0.19	0.25	0.27	0.30	0.32	0.31	0.33	0.41	0.46	0.55	0.62	0.36
西部地区	内蒙古	0.16	0.19	0.20	0.23	0.22	0.17	0.25	0.27	0.27	0.33	0.30	0.24
	广西	0.21	0.25	0.31	0.37	1.00	0.45	0.43	0.57	0.71	0.83	1.00	0.56
	重庆	0.20	0.29	0.35	0.37	0.44	0.45	0.53	0.62	0.69	0.84	1.00	0.53
	四川	0.17	0.25	0.30	0.29	0.29	0.35	0.47	0.44	0.54	0.69	0.73	0.41
	贵州	0.18	0.19	0.31	0.38	0.41	0.40	0.40	0.52	0.56	0.79	1.00	0.47
	云南	0.15	0.20	0.23	0.20	0.25	0.32	0.38	0.52	0.56	0.82	1.00	0.42
	陕西	0.36	0.30	0.39	0.36	0.39	0.37	0.46	0.56	0.59	0.71	0.78	0.48
	甘肃	0.15	0.17	0.20	0.24	0.25	0.25	0.29	0.29	0.31	0.34	0.31	0.25
	青海	0.31	0.41	0.37	0.43	0.46	0.50	0.48	0.44	0.54	0.76	1.00	0.52
	宁夏	0.17	0.22	0.26	0.27	0.34	0.29	0.34	0.44	0.56	0.67	1.00	0.41
	新疆	0.21	0.24	0.30	0.36	0.36	0.45	0.50	0.68	0.63	0.76	1.00	0.50
东北地区	辽宁	0.20	0.25	0.32	0.36	0.30	0.28	0.27	0.36	0.48	0.35	0.57	0.34
	吉林	0.29	0.36	0.25	0.29	0.33	0.27	0.38	0.57	0.58	0.51	0.63	0.40
	黑龙江	0.30	0.34	0.51	0.57	0.57	0.40	0.50	0.49	0.42	0.46	0.84	0.49

从表3-2中可以看出，我国30个省份建筑业减污降碳效率在2010—2020年间整体呈现逐渐升高的趋势，四大地区在2010—2020年间的均值分别为0.48、0.38、0.44与0.41。总体而言，东部地区的经济发达程度较高，建筑业减污降碳效率一直处于四大地区中的领先地位，这反映了该地区建筑业在科技水平和管理模式方面的相对先进性。自2017年以来，东部地区部分省的效率值有所下降，这可能是由于该地区的建筑业发展较早，在经历了高速发展之后，建筑业的边际效益逐渐减少，使经济产出增速放缓甚至下降（刘建国和张文忠，2014）。相反，中部地区虽然在四大地区中效率均值较低，但拥有承东启西的优越地理位置。然而，该地区缺乏完善的省际合作机制，导致资本、人才等要素的流动受阻，无法有效推动建筑业的低碳技术发展，使得碳排放效率保持在较低水平。西部地区和东北地区的效率均值相近，但与东部地区相比，这两个地区的建筑业发展水平仍存在一定差距，建筑业减污降碳效率仍需要进一步提高。由于东北地区的经济增速减缓、人口数量下降以及长期以来重点发展重工业，其建筑业减污降碳效率近几年逐渐下降。因此，有必要进一步促进发达地区与东北地区之间关于建筑业低碳发展经验的交流，以提高东北地区建筑业减污降碳效率水平。

从省份来看，北京（0.76）、天津（0.74）与海南（0.70）的建筑业减污降碳效率高，均值均超过了0.7，处于第一梯队，表明这些省份在减少要素投入、保持建筑业经济增长和减少建筑业碳排放等问题的处理上处于领先地位，效率改进空间较小。上海（0.52）、广西（0.56）、重庆（0.53）、青海（0.52）等省份的建筑业减污降碳效率较高，均值均超过了0.5，处于第二梯队。这些省份仍需学习引进发达省份的先进技术，解决投入冗余、经济产出不足或碳排放超量等问题，进一步提高建筑业减污降碳效率水平。浙江（0.42）、广东（0.41）、山西（0.45）、贵州（0.47）、黑龙江（0.49）等省份的建筑业减污降碳效率均值处于0.4~0.5区间内，为第三梯队。第三梯队省份整体效率值偏低，与第一梯队省份效率均值差距较大，表明这些省份仍有较大改进空间。辽宁（0.34）、甘肃（0.25）、河南（0.30）、福建（0.35）等省份的建筑业减污降碳效率均值低于0.4，处于第四梯队。第四梯队省份的建筑业减污降碳效率损失度偏高，表明这些省份在要素投入、总经济产出和碳减排等方面的问题亟须解决。

在时间序列层面，由图3-2可以清晰地看出各省份建筑业减污降碳效率随时间的变化趋势，2010—2013年间各省份的建筑业减污降碳效率均有小幅度的提升，但各省份之间的建筑业减污降碳效率个体差异情况并未有所改善；2017年，各省份之间的建筑业减污降碳效率个体差异性已经有所消减，部分省份之间的建筑业减污降碳效率已经逐渐趋同；到2020年，部分省份的建筑业减污降碳效率已达到最大值，除个别省份（新疆、江苏等）外，整体来看我国建筑业减污降碳效率个体差异性较大的情况已有所缓解。这表明，在研究期间，各省建筑业减污降碳效率表现出明显的分化、地区差异和持续波动。其中，“十二五”期间波动较大；“十三五”期间较稳定，说明建筑业在政府调控后呈现出相对稳定的发展状态，也说明“十三五”规划政策实施的有效性。其措施包括调控市场规模、调控建筑业产业结构、引导提升企业高质量发展和培育龙头企业、引导支持技术进步等，并且这些政策实施效果在2019年后开始显现成效。

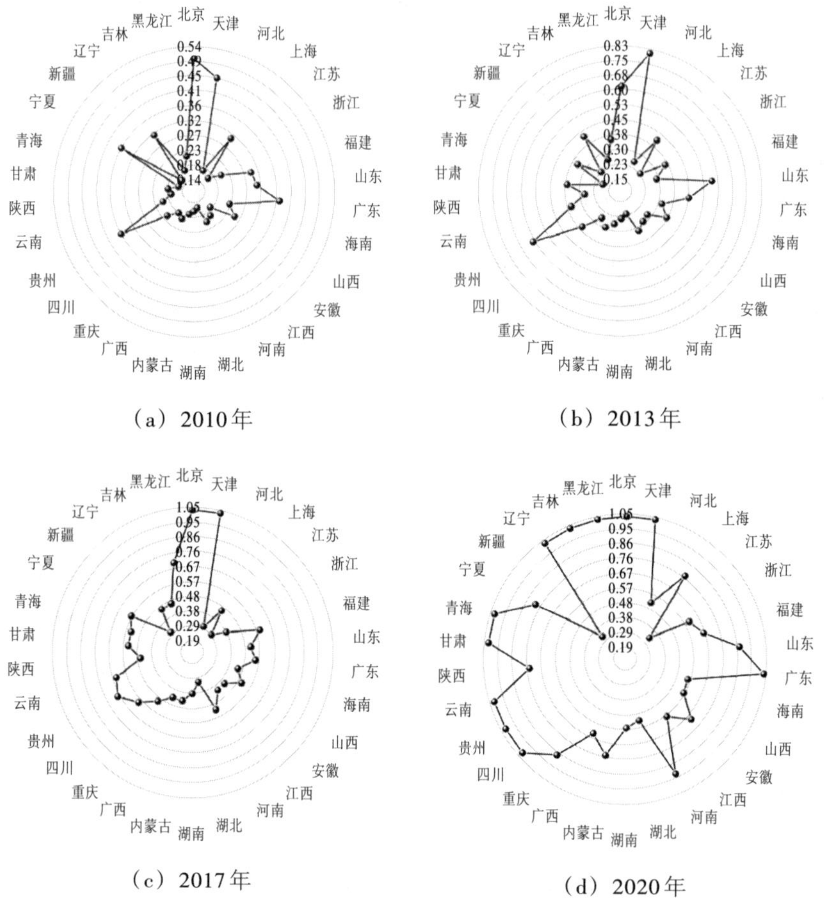

（a）2010年　（b）2013年

（c）2017年　（d）2020年

图3-2　2010年、2013年、2017年与2020年各省建筑业减污降碳效率

3.2.2　SFA回归结果分析

将第一阶段各投入指标的松弛变量作为被解释变量，将筛选的环境变量，如城镇化水平、建筑业从业人员占比、居民消费水平、技术进步等为解释变量进行SFA回归，结果见表3-3。

表 3-3　　　　**随机前沿（SFA）回归结果分析**

	劳动力投入		机械投入		资本投入	
	系数值	T检验	系数值	T检验	系数值	T检验
常数值	105.35	20.40***	55.82	3.68*	44.30	44.32***
城镇化水平	（270.48）	（4.09）*	（145.00）	（0.98）	（140.33）	（140.33）***
建筑业从业人员占比	2935.58	6.50**	1051.78	30.04***	（138.20）	（138.20）***
居民消费水平	（0.00）	（3.32）*	（0.00）	（0.03）	0.00	5.73**
技术进步	（403.71）	（1.40）	（166.64）	（5.02）**	（118.51）	（118.51）***
σ^2	9 630.85	902.21***	2 422.90	2 687.2***	19 925.28	19 925.28***
γ	1.00	128 876.54***	1.00	17 566.18***	1.00	3 255.57***
LR单边误差	8.48**		10.87***		20.32***	

注：*、**、***分别表示在10%、5%、1%的水平下显著。

（1）城镇化水平。城镇化水平对建筑业减污降碳效率的劳动力投入、机械投入、资本投入的松弛变量的回归系数均为正，表明随着城镇化水平的提升，建筑业的劳动力投入、机械投入与资本投入也会随之增加。其中资本投入松弛变量与城镇化水平之间的回归系数通过1%显著性检验。这意味着建筑业资本投入在随着城镇化水平提升而提升的同时，也会随之产生大量的冗余，不利于建筑业减污降碳效率的提升。而劳动力投入与机械投入的回归系数并未通过1%显著性检验，表明本书的样本量不足以说明城镇化水平对两者的冗余存在影响。

（2）建筑业从业人员占比。建筑业从业人员占比对建筑业减污降碳效率的劳动力投入、机械投入、资本投入的松弛变量的回归系数均为正，表明随着建筑业从业人员占比的提升，建筑业的劳动力投入、机械投入与资本投入也会随之增加。其中机械投入与资本投入松弛变量与建筑业从业人员占比之间的回归系数通过1%显著性检验，表明随着建筑业从业人员占比的提升，建筑业的机械投入与资本投入在提升的同时也会产生大量的冗余，不利于建筑业减污降碳效率的提升。而劳动力投入的回归系数并未通过1%显著性检验，表明本书的样本量不足以说明建筑业从业人员占比对劳动力投入的冗余存在影响。

（3）居民消费水平。居民消费水平对建筑业减污降碳效率的劳动力投入、机械投入、资本投入的松弛变量的回归系数均为正，表明随着居民消费水平的提升，建筑业的劳动力投入、机械投入与资本投入也会随之增加。然而居民消费水平与建筑业劳动力投入、机械投入以及资本投入之间的回归系数并未通过1%显著性检验，表明本书的样本量不足以说明居民消费水平对三者的冗余存在影响。

（4）技术进步。技术进步对建筑业减污降碳效率的劳动力投入、机械投入、资本投入的松弛变量的回归系数均为正，表明随着建筑业的技术进步，建筑业的劳动力投入、机械投入与资本投入也会随之增加。其中资本投入松弛变量与技术进步之间的回归系数通过1%显著性检验。这意味着建筑业的技术进步会导致资本投入的大量冗余，不利于建筑业碳排放效率的提升。而劳动力投入与机械投入的回归系数并未通过1%显著性检验，表明本书的样本量不足以说明技术进步对两者的冗余存在影响。

3.2.3 三阶段SBM效率结果分析

将第二阶段调整后的投入变量重新导入超效率SBM模型，同时运用Matlab软件重新计算调整后的2010—2020年我国各省建筑业减污降碳效率。结果见表3-4。

表 3-4 **调整后的2010—2020年30个省份建筑业减污降碳效率分布**

地区	省份	2010	2011	2012	2013	2014	2015	2016	2017	2018	2019	2020	均值
东部地区	北京	0.51	0.56	0.65	0.64	0.70	0.70	0.77	0.86	0.89	1.00	1.00	0.75
	天津	0.61	0.56	0.46	0.49	0.49	0.63	1.00	0.80	0.59	1.00	1.00	0.69
	河北	0.39	0.41	0.38	0.40	0.43	0.38	0.42	0.41	0.38	0.47	0.42	0.41
	上海	0.66	0.64	0.65	0.63	0.64	0.75	0.88	0.75	1.00	0.58	0.80	0.73
	江苏	0.40	0.39	0.40	0.53	0.61	0.61	0.66	0.75	0.81	1.00	1.00	0.65
	浙江	0.44	0.51	0.53	0.59	0.65	0.67	0.72	0.79	1.00	0.76	0.67	0.67
	福建	0.51	0.52	0.47	0.50	0.50	0.48	0.51	0.61	0.71	1.00	1.00	0.62
	山东	0.33	0.37	0.33	0.38	0.39	0.38	0.42	0.48	0.60	0.70	0.73	0.47
	广东	0.37	0.41	0.53	0.41	0.42	0.46	0.56	0.60	0.74	1.00	1.00	0.59
	海南	1.00	0.75	1.00	0.66	0.63	0.68	0.55	0.56	0.51	0.56	0.63	0.69
中部地区	山西	0.61	1.00	0.55	0.55	0.47	0.42	0.47	0.50	0.54	0.76	0.70	0.60
	安徽	0.41	0.46	0.44	0.44	0.45	0.45	0.44	0.46	0.49	0.53	0.55	0.47
	江西	0.53	0.57	0.53	0.53	0.69	0.49	0.52	0.55	0.58	0.69	1.00	0.61
	河南	0.37	0.41	0.39	0.41	0.37	0.39	0.41	0.48	0.47	0.71	0.64	0.46
	湖北	0.39	0.39	0.35	0.40	0.42	0.45	0.49	0.57	0.65	1.00	0.80	0.54
	湖南	0.42	0.47	0.45	0.46	0.46	0.44	0.46	0.52	0.58	0.70	0.67	0.51
西部地区	内蒙古	0.49	0.51	0.43	0.47	0.45	0.36	0.38	0.38	0.39	0.44	0.33	0.42
	广西	0.56	0.60	0.54	0.59	0.61	0.63	0.54	0.63	0.76	0.91	1.00	0.67
	重庆	0.59	1.00	0.58	0.60	0.63	0.63	0.71	0.81	0.88	1.00	1.00	0.77
	四川	0.41	0.46	0.44	0.42	0.41	0.47	0.58	0.62	0.77	1.00	1.00	0.60
	贵州	0.66	1.00	0.62	0.60	0.57	0.51	0.48	0.59	0.59	0.78	0.73	0.65
	云南	0.50	0.55	0.48	0.35	0.42	0.47	0.50	0.73	0.80	1.00	1.00	0.62
	陕西	0.66	0.51	0.52	0.53	0.49	0.47	0.51	0.63	0.67	0.74	0.63	0.58
	甘肃	0.61	1.00	0.52	0.51	0.48	0.45	0.43	0.45	0.44	0.50	0.36	0.52
	青海	1.00	1.00	1.00	0.91	0.82	0.92	0.88	0.83	0.73	1.00	1.00	0.92
	宁夏	0.58	0.59	0.50	0.50	0.47	0.47	0.44	0.51	0.52	0.56	0.68	0.53
	新疆	0.58	0.66	0.54	0.58	0.52	0.52	0.54	0.69	0.71	0.89	1.00	0.66

续表

地区	省份	2010	2011	2012	2013	2014	2015	2016	2017	2018	2019	2020	均值
东北地区	辽宁	0.41	0.43	0.45	0.44	0.40	0.40	0.39	0.47	0.56	0.39	0.54	0.44
	吉林	0.55	0.58	0.42	0.44	0.43	0.44	0.62	0.92	0.55	0.52	0.80	0.57
	黑龙江	0.58	0.55	0.69	0.79	0.63	0.57	0.62	0.64	0.56	0.58	1.00	0.65

根据表3-4的数据，剔除环境变量和随机误差后，各省份的建筑业减污降碳效率值有所变化。与第一阶段30个省份2010—2020年建筑业减污降碳效率均值相比，调整后的四大地区的均值分别提升至0.63、0.53、0.63和0.55。东部和西部地区的建筑业减污降碳效率均值相等，中部和东北地区的建筑业减污降碳效率均值相近。四大地区的效率均值提升幅度分别为31.25%、39.47%、43.18%和34.15%。可以看出，西部和中部地区在投入冗余、经济产出不足或碳排放超量等问题上较为严重。根据3.2.2中的SFA回归结果，城镇化水平、建筑业从业人员占比和技术进步对我国四大地区建筑业减污降碳效率的影响较为显著。剔除环境变量和随机误差的影响后，各梯队的划分阈值也有所变化。2010—2020年间30个省份建筑业减污降碳效率均值已经没有低于0.4的情况，划分阈值变为（0.4，0.5）、（0.5，0.6）、（0.6，0.7）、（0.7，1]。通过对比图3-3和图3-4可以看出，在剔除环境变量和随机误差后，所选取的四个时间切面中，各省份建筑业减污降碳效率的差异程度显著降低。图3-4清晰地展示了剔除环境变量和随机误差后，2010—2020年间各省份效率值变化趋势的直观表现。

第三阶段SBM效率分析的结果表明，各省份建筑业减污降碳效率受环境因素的影响较大，我国需要采取相应的对策来缩小省际差距，推动低碳化、平衡化和高效化的发展（李小飞和张明军，2012）。

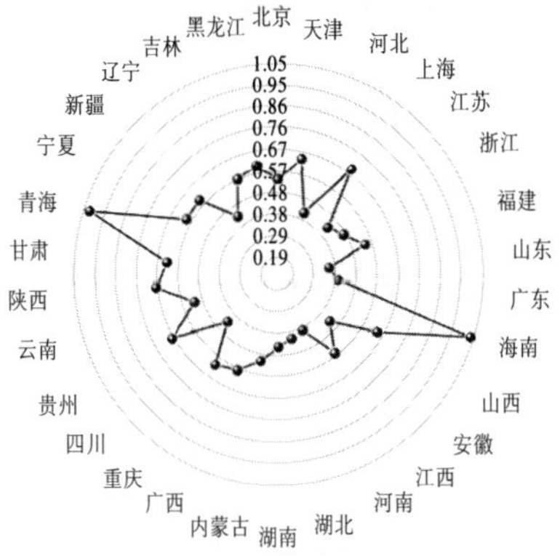

（a）2010年

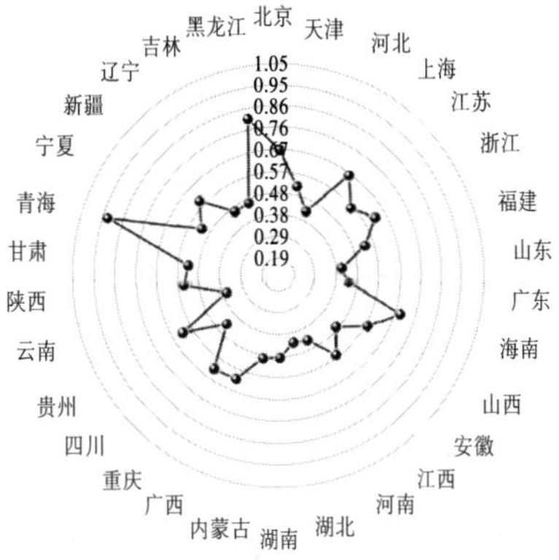

（b）2013年

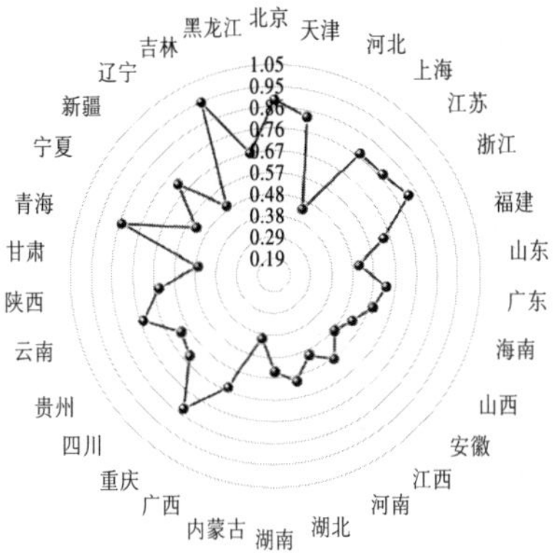

（c）2017年

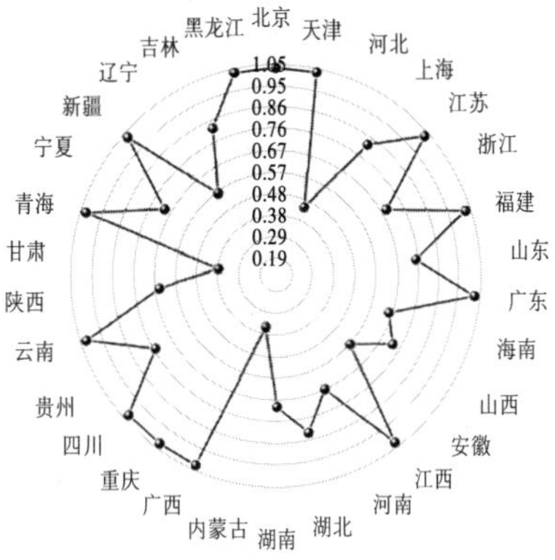

（d）2020年

图3-3　调整后的2010年、2013年、2017年与2020年各省建筑业减污降碳效率

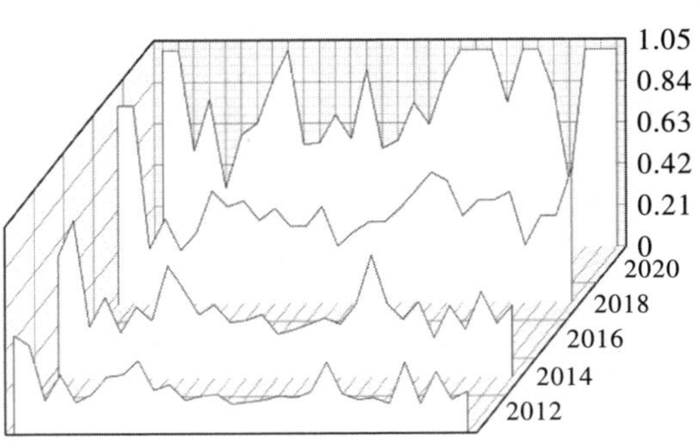

（a）投入变量调整前

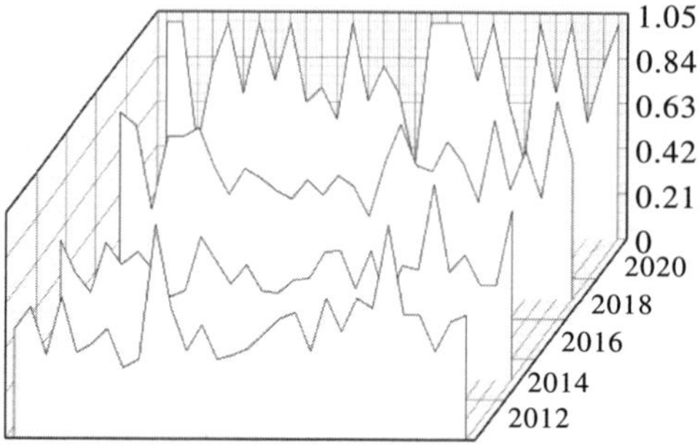

（b）投入变量调整后

图3-4　投入变量调整前后各省建筑业减污降碳效率瀑布图

3.3　建筑业减污降碳动态效率研究

3.3.1　Malmquist-Luenberger指数模型

用Malmquist-Luenberger指数法研究建筑业减污降碳效率的时空演变特征，能够客观地评价建筑业减污降碳效率的动态变化及其影响因素构成。在全面考虑了投入、产出以及环境变量等多重因素后，基于SBM方向距离函数，根据Chung等的分析，测算了决策单元t期到t+1期的建筑业全要素减污降碳效率，即ML指数，可按如下公式分解：

$$ML_i^{t+1}=\sqrt{\frac{1+\overrightarrow{D_0^t}(x^t,\ y^t,\ b^t;-b^t)}{1+\overrightarrow{D_0^t}(x^{t+1},\ y^{t+1},\ b^{t+1};-b^{t+1})}\cdot\frac{1+\overrightarrow{D_0^{t+1}}(x^t,\ y^t,\ b^t;-b^t)}{1+\overrightarrow{D_0^{t+1}}(x^{t+1},\ y^{t+1},\ b^{t+1};-b^{t+1})}} \tag{3-6}$$

$$=\frac{1+\overrightarrow{D_0^t}(x^t,\ y^t,\ b^t;-b^t)}{1+\overrightarrow{D_0^{t+1}}(x^{t+1},\ y^{t+1},\ b^{t+1};-b^{t+1})}\cdot$$

$$\sqrt{\frac{1+\overrightarrow{D_0^{t+1}}(x^{t+1},\ y^{t+1},\ b^{t+1};-b^{t+1})}{1+\overrightarrow{D_0^t}(x^t,\ y^t,\ b^t;-b^t)}\cdot\frac{1+\overrightarrow{D_0^{t+1}}(x^{t+1},\ y^{t+1},\ b^{t+1};-b^{t+1})}{1+\overrightarrow{D_0^t}(x^{t+1},\ y^{t+1},\ b^{t+1};-b^{t+1})}}$$

$$=MLEC_t^{t+1}\cdot MLTC_t^{t+1}$$

$$MLEC_t^{t+1}=\frac{1+\overrightarrow{D_0^t}(x^t,\ y^t,\ b^t;-b^t)}{1+\overrightarrow{D_0^{t+1}}(x^{t+1},\ y^{t+1},\ b^{t+1};-b^{t+1})} \tag{3-7}$$

$$MLTC_t^{t+1}=\sqrt{\frac{1+\overrightarrow{D_0^{t+1}}(x^{t+1},\ y^{t+1},\ b^{t+1};-b^{t+1})}{1+\overrightarrow{D_0^t}(x^t,\ y^t,\ b^t;-b^t)}\cdot\frac{1+\overrightarrow{D_0^{t+1}}(x^{t+1},\ y^{t+1},\ b^{t+1};-b^{t+1})}{1+\overrightarrow{D_0^t}(x^{t+1},\ y^{t+1},\ b^{t+1};-b^{t+1})}} \tag{3-8}$$

$$ML_t^{t+1}=MLEC_t^{t+1}\cdot MLTC_t^{t+1}=MLPEC_t^{t+1}\cdot MLSEC_t^{t+1}\cdot MLTC_t^{t+1} \tag{3-9}$$

式中，***MLTC***表示技术进步指数；***MLEC***表示技术效率变化指数；***MLPEC***表示纯技术效率变化指数；***MLSEC***表示规模效率变化指数。

3.3.2 建筑业减污降碳动态效率分析

根据我国30个省份的建筑业减污降碳效率ML指数计算结果绘制图3-5。由图3-5可知，2010—2020年我国有11个省份的ML指数呈下降趋势，12个省份的ML指数呈上升趋势，其余7个省份无明显的升降趋势。其中ML指数变化程度最大的省份有黑龙江、海南、重庆与甘肃。

黑龙江省的ML指数从2010—2011年的0.955提升至2019—2020年的1.728，建筑业减污降碳效率增速最快。2018年黑龙江省住建厅发布了一份对促进建筑业改革发展的实施意见的相关政策解读，其中阐述了黑龙江省建筑业发展所面临的一系列问题，包括质量不高、供需不平衡、低端生产能力过剩、同质化竞争加剧、高端生产能力不足、中高端市场参与度偏低、区域发展严重不平衡、企业经济效益不高、市场行为缺乏规范性等，并提交了关于促进建筑业改革发展的实施意见，极大程度促进了黑龙江省建筑业的绿色健康发展。

海南省的ML指数从2010—2011年的0.384提升至2019—2020年的1.125，表明近几年海南省经济发展水平有显著提升。2018年海

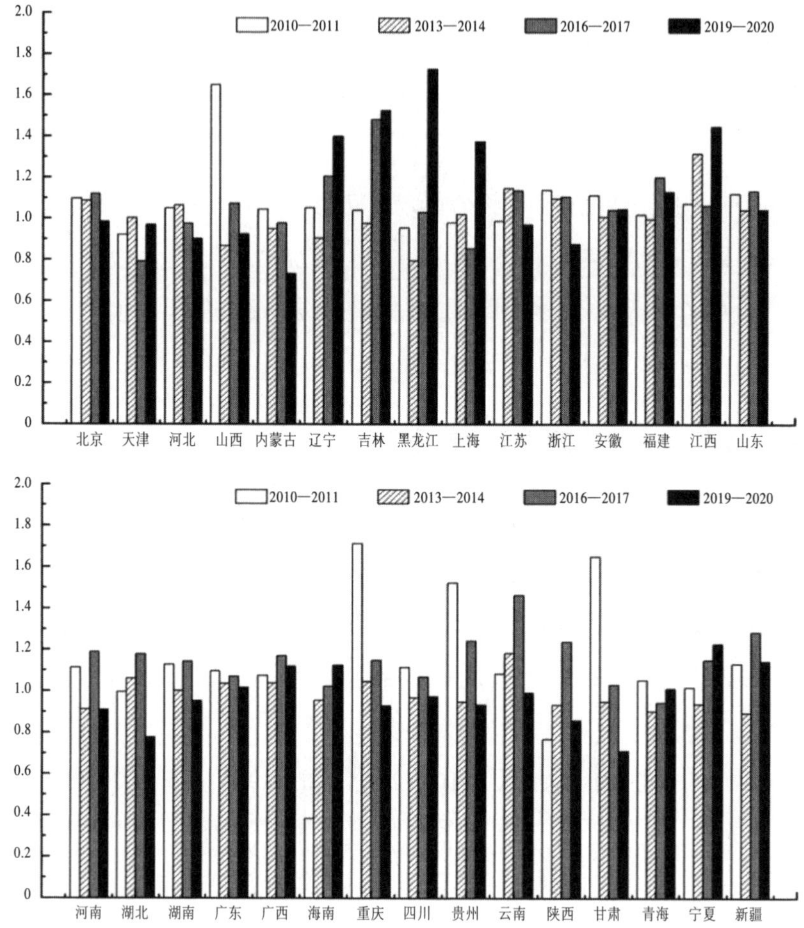

图3-5　2010—2011年、2013—2014年、2016—2017年、2019—2020年各省份ML指数

南省政府为确保海南省建筑业实现持续健康发展，提出以市场为导向、以质量提升为核心，大力发展绿色建筑、装配式建筑，努力推进建筑业转型升级。这项政策为海南省建筑业提供了有助于其低碳发展的明确方向，并给出了具体可行的实施策略，有助于海南省建筑业减污降碳效率迅速提高。

重庆市地处西部地区，ML指数从2010—2011年的1.713下降至

2019—2020年的0.929，这与重庆市建筑业组织结构不合理，发展水平偏低，市场准入门槛低，市场秩序混乱，建筑企业大多缺乏核心竞争力、规模小、管理水平低等问题有关。这一系列问题导致重庆市的建筑业减污降碳效率ML指数呈现持续下降的特征。重庆市应积极推进建筑业结构调整，改善行业发展环境，从而实现建筑业的持续、健康、协调发展。在重庆市工业化、城镇化进程中，建筑业作为支柱产业，应努力提升其带动作用，从而进一步增强其对经济的贡献。

甘肃省ML指数从2010—2011年的1.65下降至2019—2020年的0.78，下降幅度较大。这表明甘肃省建筑业转型发展尚未完成，建筑业低碳发展的方向还不够明确，仍处于摸索阶段；发展的驱动力不足，产业规模和区域布局不够合理，技术创新能力薄弱，管理机制不够灵活等。在这些问题背后，也折射出甘肃省尚未找到促进建筑业绿色低碳发展的道路，亟待深入研究。

3.3.3 省域ML指数分解结果分析

运用ML指数分解公式对2010—2020年我国30个省份的建筑业减污降碳效率指数进行分解，计算出各指数对建筑业减污降碳效率的影响程度及贡献水平，结果如图3-6所示。由图3-6可知，由于技术进步指数（MLTC）的作用，各省建筑业减污降碳效率得到了显著提高，但纯技术效率变化指数（MLPEC）和规模效率变化指数（MLSEC）则呈现出较为平稳的发展趋势。这表明我国建筑业先进技术仍然主要集中在东部地区，如北京、天津和浙江等地，它们的技术进步指数（MLTC）结果均呈现为正值。2010—2020年北京市技术进步指数（MLTC）的波动范围在1.0~1.1之间，天津市技术进步指数（MLTC）普遍高于1.0，浙江省技术进步指数（MLTC）在1.0~1.1之间波动。在东部地区，如江苏、福建、广东等省份，规模效率变化指数（MLSEC）的贡献相对较小，这是因为我国东部地区城市化程度较高，建筑业已进入相对成熟的发展阶段，规模效率不再是提高建筑业减污降碳效率的决定性因素。

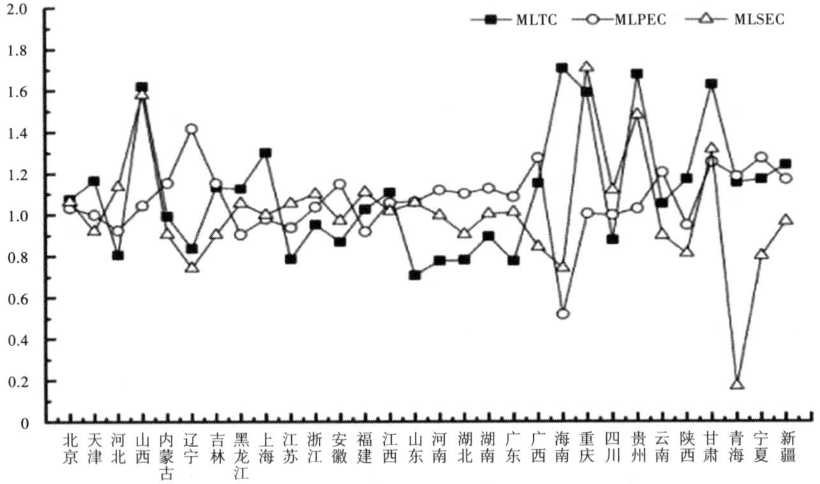

（a）2010—2011年

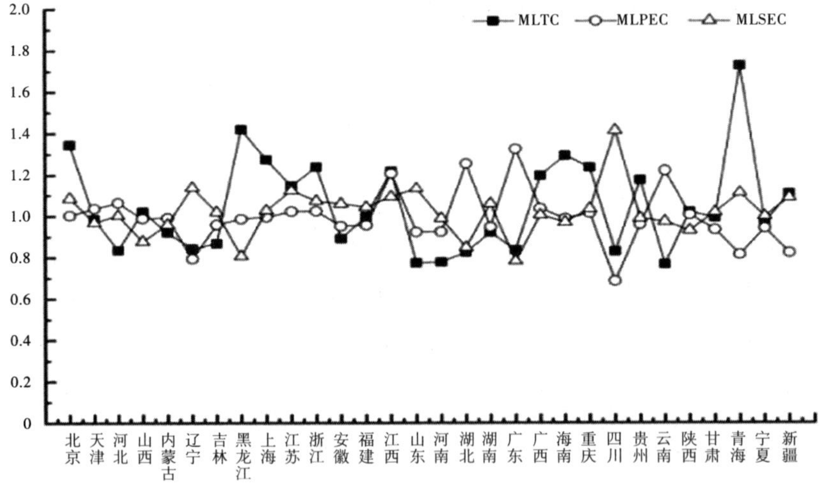

（b）2013—2014年

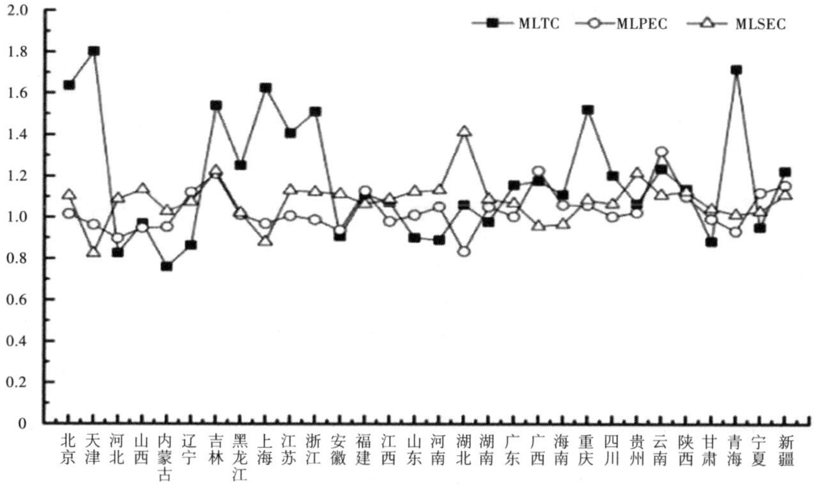

（c）2016—2017年

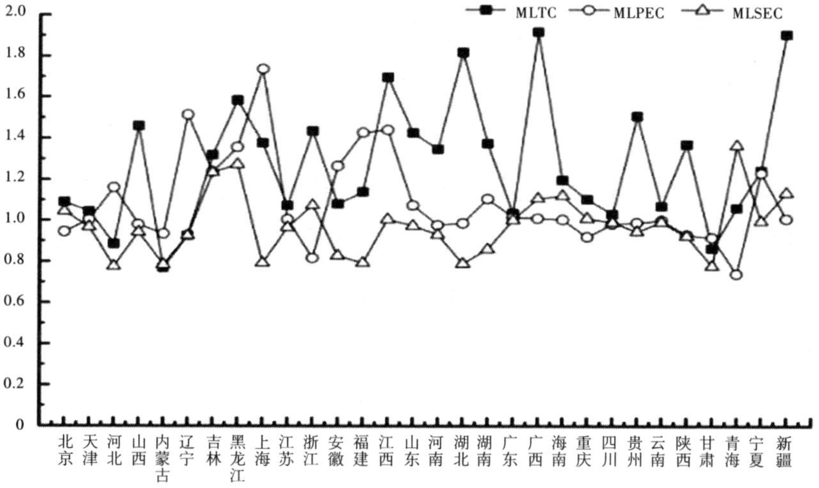

（d）2019—2020年

图3-6　2010—2011年、2013—2014年、2016—2017年、2019—2020年各省份ML指数分解

中部地区各省份，2010—2020年间的技术进步与技术效率稳步提升，规模效率变化平稳。以江西省为例，2010—2020年间江西省纯技术效率变化指数（MLPEC）由1.06增长至1.44，表明江西省在建筑业技术水平突破方面成效显著。整体来看，中部地区建筑业减污降碳效率受规模效率变化指数（MLSEC）的影响相对较小，表明中部地区各省份仍需加大对建筑业管理等方面的投入。同时，政府也应当加强对建筑业从业人员的培训和监管，确保他们具备足够的专业知识和技能，提高他们的专业素养和责任意识，提升整个建筑业的素质和竞争力。只有如此，才能更好地推动中部地区建筑业的发展，促进经济持续健康增长。

西部地区各省份的纯技术效率变化指数（MLPEC）波动较大，广西与青海等省份尤为突出。广西纯技术效率变化指数（MLPEC）从2010—2011年的1.27降至2019—2020年的1.01，降幅为20.47%；青海纯技术效率变化指数（MLPEC）从2010—2011年的1.18降至2019—2020年的0.74，降幅为37.29%。西部地区各省份规模效率变化指数（MLSEC）的影响也在逐步减弱，表明西部各省地理位置优越性不足、自身发展相对有限，仍处于建筑业转型期。

东北地区的黑龙江、吉林与辽宁三省在2010—2020年间，各指标波动较大，要素指标之间相互制衡。其中，纯技术效率变化指数（MLPEC）达到峰值时，规模效率变化指数（MLSEC）却显著降低，导致建筑业减污降碳效率在整体上没有形成最优的变化和增长趋势。这是由于东北地区各省份在建筑业的发展进程上仍处于过渡时期，并没有达到预先设定的发展目标，因而波动较大。

3.4 区域建筑业碳排放动态效率分析

3.4.1 区域建筑业减污降碳动态效率特征

减污降碳效率指数反映了减污降碳效率的变化情况。当指数大于1时，意味着当前的减污降碳效率与上一期相比有所提高；当指数小于1时，表示减污降碳效率有所下降。

结合表3-5与图3-7可以看出，各地区ML指数整体上呈现出波动上升的趋势，其中东北地区波动幅度最大。

表3-5　2010—2020年区域建筑业减污降碳效率指数（ML指数）分布

地区	2010—2011	2011—2012	2012—2013	2013—2014	2014—2015	2015—2016	2016—2017	2017—2018	2018—2019	2019—2020
东部	1.084	0.959	1.049	1.015	0.987	1.124	1.094	1.067	1.181	1.090
中部	1.095	0.935	1.069	1.007	0.969	1.089	1.122	1.090	1.126	1.123
西部	1.092	0.931	1.008	1.001	0.999	1.057	1.099	1.078	1.165	1.075
东北	1.016	1.010	1.058	0.892	0.971	1.164	1.240	0.888	0.891	1.551
平均值	1.072	0.959	1.046	0.979	0.982	1.109	1.139	1.031	1.091	1.210

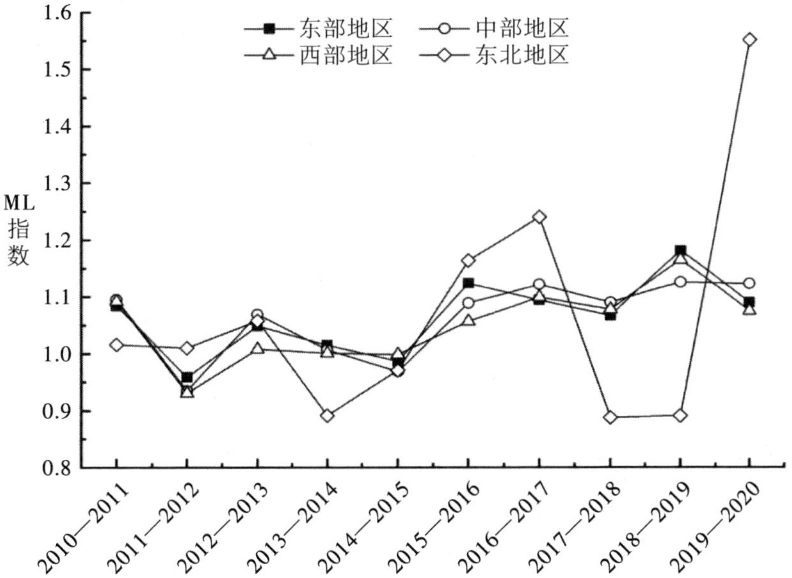

图3-7　2010—2020年区域建筑业减污降碳效率指数（ML指数）折线图

东部地区、中部地区与西部地区除了2011—2012年、2014—2015年外，其他时段ML指数均大于1。结合各地区发展的实际情况可知，东部地区建筑业在全国范围内表现出较高的减污降碳效率，这是因为该地区的建筑业在低碳发展方面有较好的基础。与东部地区相比，中部地区建筑业在减污降碳方面具有更大的潜力，因此应当持续实施减排政策。西部地区虽然在建筑业低碳发展方面仍存在不稳定性且ML指数波动幅度较大，但其建筑业减污降碳效率仍然显示出逐年上升的趋势。建筑业减污降碳效率的内部差异揭示了其区域内部和外部独特的演化特征和趋势，表明中国建筑业减污降碳效率具有显著的区域异质性。

东北地区在多个时间段内，如2013—2014年、2014—2015年、2017—2018年和2018—2019年，ML指数都低于1。从图3-7中可以看出，东北地区在2010—2020年间的ML指数波动非常大。这一现象主要应归因于该地区正在经历经济发展的转型期，并逐步加强了对可持续发展议题的关注，建筑业的发展在此影响下，效率在逐步提升。

2014—2015年，我国各地区的ML指数均小于1，我国经济发展所遭遇的下行压力和投资短缺等多重复杂因素导致了这种情况的出现。我国建筑业在发展过程中，积极贯彻落实党的十八大精神，致力于加速行业的转型与升级，采取多种措施解决各方面的问题，持续推进建筑业的现代化进程。尽管建筑业整体上呈现出相对稳定的发展态势，但在平衡发展与可持续性之间，仍然存在着一定的波动，这导致了建筑业的减污降碳效率略有降低。

3.4.2 区域建筑业减污降碳动态效率特征

如表3-6和图3-8所示，从区域角度对我国建筑业ML指数进行分解，可以看出除个别年份外，我国大多数区域ML指数分解结果均超过了1，这表明建筑业的整体效率水平较上年呈波动式增长，同时建筑业减污降碳效率也在不同程度上向生产前沿面移动。

在技术进步指数变化（MLTC）方面，东部地区与中部地区除2011—2012年与2014—2015年外，均大于1。这表明东部地区与中部地区的技术进步指数对综合效率值的提升起到促进作用。西部地区除2011—2012年、2014—2015年外，均大于1。东北地区则除2013—2014年、2014—2015年、2017——2018年与2018—2019年外，均大于1。表明西部地区与东北地区在技术进步方面仍有提升的潜力，有必要进一步提高技术水平，以提升建筑业减污降碳效率。

在纯技术效率变化指数（MLPEC）方面，在整个研究期内，各个区域都呈现出波动上升的态势，其中东北地区的变动最为明显，在2010—2011年仅为1.158，而在2019—2020年则达到了1.369。说明近年来东北地区正逐步加强对新技术和新管理方式的应用，推动建筑业向低碳、优化转型。在中部地区和西部地区，纯技术效率变化指数是提高综合效率指数的关键。从东部地区来看，纯技术效率方面存在较大的波动，但并没有表现出明显的增长趋势。这表明我国东部地区的技术趋于平稳发展，已有较高的技术水平，但为了推动建筑业的减污降碳效率更为优化，仍然需要积极寻找和探索新的技术突破方向。

表 3-6 2010—2020 年区域建筑业减污降碳效率 ML 指数分解

地区	2010——2011			2011—2012			2012—2013			2013—2014			2014—2015		
	MLTC	*MLPEC*	*MLSEC*	*MLTC*	*MLPEC*	*MLSEC*	*MLTC*	*MLPEC*	*MLSEC*	*MLTC*	*MLPEC*	*MLSEC*	*MLTC*	*MLPEC*	*MLSEC*
东部地区	1.084	1.063	1.028	0.959	0.986	0.971	1.049	1.027	1.024	1.015	1.018	1.004	0.987	0.949	1.044
中部地区	1.095	1.077	1.027	0.935	0.971	0.963	1.069	1.038	1.033	1.007	0.994	1.016	0.969	0.941	1.035
西部地区	1.092	1.271	0.988	0.931	0.949	1.030	1.008	1.008	1.008	1.001	0.987	1.026	0.999	1.023	0.988
东北地区	1.016	1.158	0.901	1.010	0.957	1.053	1.058	1.048	1.013	0.892	0.913	0.988	0.971	0.920	1.079
平均值	1.072	1.142	0.986	0.959	0.966	1.004	1.046	1.030	1.020	0.979	0.978	1.009	0.982	0.958	1.037

续表

地区	2015—2016			2016—2017			2017—2018			2018—2019			2019—2020		
	MLTC	*MLPEC*	*MLSEC*	*MLTC*	*MLPEC*	*MLSEC*	*MLTC*	*MLPEC*	*MLSEC*	*MLTC*	*MLPEC*	*MLSEC*	*MLTC*	*MLPEC*	*MLSEC*
东部地区	1.124	0.985	1.140	1.094	1.003	1.091	1.067	1.019	1.049	1.181	0.981	1.206	1.090	1.157	0.945
中部地区	1.089	0.979	1.111	1.122	1.013	1.110	1.090	1.035	1.056	1.126	0.961	1.175	1.123	1.190	0.945
西部地区	1.057	0.968	1.092	1.138	1.047	1.088	1.078	1.007	1.074	1.165	0.979	1.196	1.075	1.101	0.984
东北地区	1.164	1.026	1.129	1.240	1.114	1.107	0.888	1.048	0.835	0.891	0.720	1.246	1.551	1.369	1.144
平均值	1.109	0.990	1.118	1.149	1.044	1.099	1.031	1.027	1.004	1.091	0.910	1.206	1.210	1.204	1.005

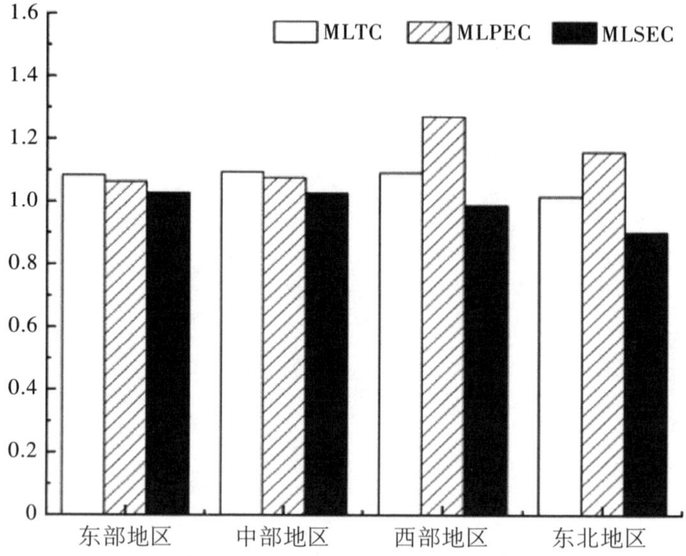

（a）2010—2011年

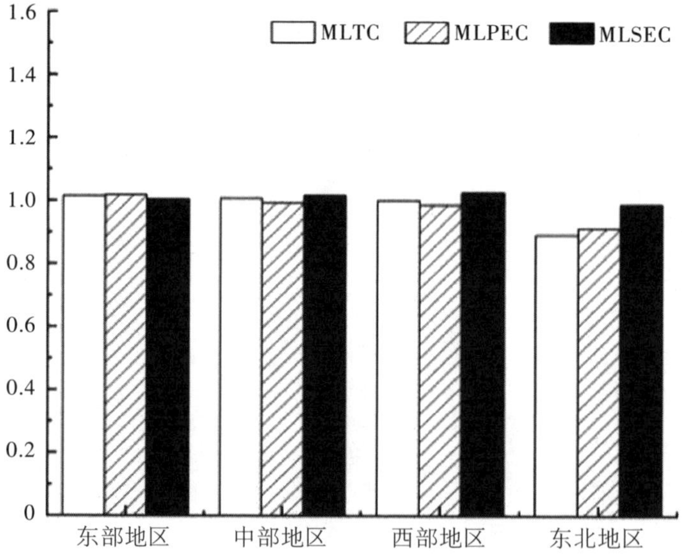

（b）2013—2014年

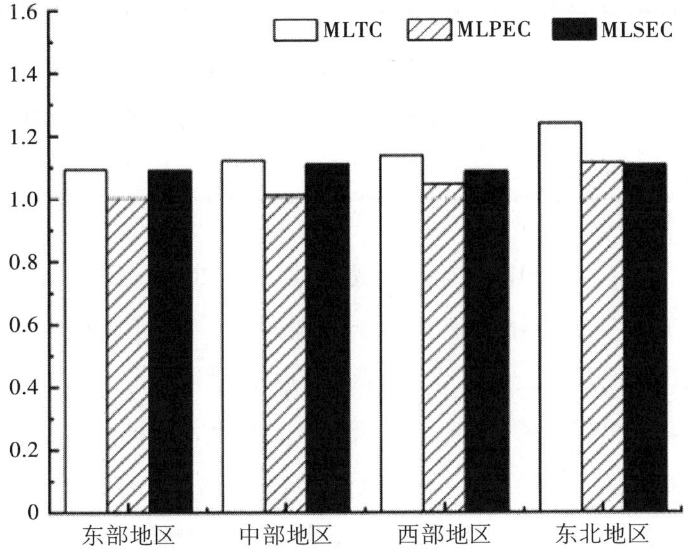

（c）2016—2017年

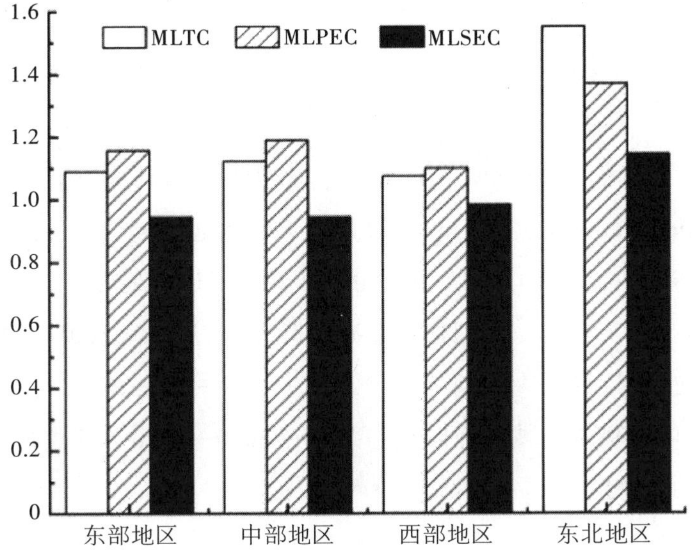

（d）2019—2020年

图3-8　2010—2011年、2013—2014年、2016—2017年、2019—2020年四大地区ML指数分解

在规模效率变化指数（MLSEC）方面，研究期间除西部地区外，均呈波动上涨趋势，为促进建筑业减污降碳效率提高的因素之一。东北地区增长最为显著，2010—2011 年时仅为 0.901，在 2019—2020 年达到 1.144，表明东北地区建筑业减污降碳效率没有达到最优化，规模效率仍是提升 ML 指数的主要促进因素。中部地区次之，2010—2011 年为 1.027，2018—2019 年达到 1.175，2019—2020 年又回落到 0.945。这表明随着建筑业产值的逐渐增加，其规模效率也得到了相应的提升，使建筑业进入了一个高效的发展时期。东部地区变动较为平稳，表明东部地区建筑业产值增加速度减缓，规模效率趋于稳定且呈现出小幅度下滑趋势。西部地区在研究期内出现波动式下降趋势，表明西部地区建筑业产值增加较少，规模效率逐渐降低，提升建筑业规模效率的问题亟待解决。

3.5 本章小结

本章运用三阶段 SBM-DEA 模型与 ML 指数分解对全国和四大地区 2010—2020 年间建筑业减污降碳静态与动态效率进行计算，并从区域、省域以及时间序列的角度分析了我国建筑业减污降碳效率的变化趋势。结果表明，中国建筑业减污降碳静态效率在 2010—2020 年间整体呈现逐渐升高的趋势，具有中—东北—西—东依次递增的特征；而中国建筑业减污降碳动态效率在 2010—2020 年间整体呈现波动升高的趋势。

4

建筑业减污降碳效率时空演化特征

建筑业减污降碳效率存在着明显的区域差异特征。因此，本书将从差异特征、演变过程、收敛趋势三个方面对中国建筑业减污降碳效率展开详细分析。在客观反映中国建筑业减污降碳效率区域差异特征的基础上，从演变视角来理解造成其差异形成的动态过程，接着，研究立足于建筑业均衡化、协调化发展目标，通过收敛性检验方法探索建筑业减污降碳效率的演进趋向。具体来看，（1）差异特征：本书将采用Dagum基尼系数来揭示建筑业减污降碳效率区域差异的客观存在；（2）演变过程：在宏观视角上，本书采用核密度函数来反映中国建筑业减污降碳效率整体分布形态的演变特征与规律；（3）收敛趋势：为进一步探究区域建筑业减污降碳效率差异随时间推移趋于收敛的可能性，本书进一步通过绝对β收敛和条件β收敛方法检验建筑业减污降碳效率的收敛态势，明确中国建筑业减污降碳效率均衡化发展趋向。

4.1 建筑业减污降碳效率不均衡性

4.1.1 泰尔指数

泰尔指数最早由荷兰经济学家Theil在1967年根据信息论中熵的概念提出，起初被用于计算国家之间的收入差距，之后被广泛应用于各研究领域中对区域差异的分析（张艳东和赵涛，2015）。泰尔指数不仅可以同时计算区域差异的组间差距、组内差距和整体差距，还能够清晰地展示各区域发展的不平衡状况。泰尔指数的取值范围为[0，1]，指数越小则说明各区域之间的差距越小。本书根据现有的相关文献并结合研究需要，将泰尔指数的公式调整如下：

$$T=\sum_{i=1}^{n}(\frac{L_i}{L})\ln(\frac{L_i/L}{P_i/P}) \tag{4-1}$$

$$T_{wj}=\sum_{i=1}^{N_j}(\frac{L_{ji}}{L_j})\ln(\frac{L_{ji}/L_j}{P_{ji}/P_j}) \tag{4-2}$$

$$T_w=\sum_{j=1}^{M}(\frac{L_j}{L})T_{wj}=\sum_{i=1}^{N_j}(\frac{L_{ji}}{L_j})\ln(\frac{L_i/L}{P_i/P}) \tag{4-3}$$

$$T_b=\sum_{j=1}^{M}(\frac{L_i}{L})\ln(\frac{L_i/L}{P_i/P}) \tag{4-4}$$

式中：i表示省份，j表示区域。N为省份总数，本书为30；M为划分的区域总数，本书为4。N_j是第j个区域所包含的省份的个数。T指全国各省建筑业减污降碳效率的总体泰尔指数，T_w和T_b分别为区域内泰尔指数以及区域间泰尔指数，T_{wj}是第j个区域的泰尔指数。L指全国建筑业减污降碳效率的总和，L_i是第i个省的建筑业减污降碳效率，L_j是第j个区域内所有省份建筑业减污降碳效率的总和，L_{ji}为第j个区域内第i个省份的建筑业减污降碳效率。P是全国人口总数，P_i和P_j分别为第i个省和第j个区域的人口数量，P_{ji}为第j个区域内第i个省份的人口数量。

同时还可使用泰尔指数测算建筑业减污降碳效率区域内贡献率与区域间贡献率：

$$W_w=T_w/T \tag{4-5}$$

$$W_b=T_b/T \tag{4-6}$$

$$W_j=(L_j/L)\times(T_{wj}/T) \tag{4-7}$$

式中：W_w表示区域内差异对总体泰尔指数的贡献率，W_b是区域间差异对总体泰尔指数的贡献率，W_j为第j个区域对总体泰尔指数的贡献率。这些指标反映了各因素对总体建筑业减污降碳效率差异的影响程度。

4.1.2 建筑业减污降碳效率区域均衡性

根据公式（4-1）至（4-7）进行计算，2010—2020年中国建筑业减污降碳效率总体泰尔指数的计算结果见表4-1。从表4-1中可以看出，总体泰尔指数在研究期间内呈波动下降趋势。自2010年开始下降，2015年有所上升，随后一直下降，在2019年降到了最低值0.246。东部地区泰尔指数自2010年开始下降，2012年有所上升，随后呈波动下降，在2019年达到最小值。中部地区泰尔指数在2011年上升到最大值0.202，之后一直呈现平稳状态。西部地区泰尔指数呈现下降趋势，在2018年降到了最低值0.204，随后差异开始变大。东北地区泰尔指数在2010—2015年间处于平稳状态，2016年泰尔指数增大，说明该地区3个省份的差异开始变大，并于2017年达到峰值，又于2018年降至最低。

表4-1　**2010—2020年中国建筑业减污降碳效率泰尔指数**

年份	总体	东部地区	中部地区	西部地区	东北地区
2010	0.443686628	0.620345852	0.114726965	0.388537459	0.046088294
2011	0.417123639	0.489850237	0.202052696	0.364110071	0.048071975
2012	0.406261969	0.54883415	0.096846788	0.388052239	0.032059444
2013	0.352739386	0.417376282	0.087346241	0.378372585	0.051847457
2014	0.323437871	0.390602389	0.108310083	0.337402639	0.041077207
2015	0.350722628	0.440512748	0.063097213	0.358059795	0.036716756
2016	0.342807864	0.454314626	0.070328791	0.318376264	0.07858314
2017	0.303559643	0.383288561	0.06070607	0.263024392	0.120638639
2018	0.247746406	0.322468922	0.070362568	0.203766436	0.022995723
2019	0.246052804	0.310331782	0.075377847	0.212085054	0.062859522
2020	0.274420682	0.339133614	0.098884208	0.249276044	0.089772771

从表4-2中可以看出，区域内建筑业减污降碳效率泰尔指数变化趋势与总体泰尔指数变化趋势一致，区域间泰尔指数在2011年上升到最大值0.075，此后一直变化不大，趋于平缓。

表4-2　2010—2020年中国建筑业减污降碳效率区域内及区域间泰尔指数

年份	T_w	T_b
2010	0.384517958	0.05916867
2011	0.342608441	0.074515198
2012	0.357983223	0.048278745
2013	0.305149021	0.047590365
2014	0.28645253	0.036985341
2015	0.309715949	0.041006680
2016	0.306501988	0.036305876
2017	0.256717918	0.046841725
2018	0.209660893	0.038085513
2019	0.21078336	0.035269444
2020	0.237129882	0.037290799

从表4-3中可以看出，除东部地区外，在研究期内各项泰尔指数贡献率的变化幅度不大，总体上趋于稳定。东部地区的贡献率先下降后上升再下降，在2016年达到峰值0.575，随后下降趋于平稳。中部地区的贡献率在2011年达到最大值0.090，随后下降呈稳定趋势发展，区域间差异变化不大。西部地区的贡献率变化不大，其在2018年达到最小值0.307。东北地区的贡献率在2010—2015年间几乎处于同一水平，2016—2017年有略微上升趋势，2018年开始下降，随后又略微上升。在研究期间，区域内差异对总体泰尔指数的贡献率、区域间差异对总体泰尔指数的贡献率几乎呈水平发展，没有太大的变化

幅度。建筑业减污降碳效率的交叉、重叠，逐渐成为建筑业减污降碳效率区域不均衡性的主要原因。

表4-3　　2010—2020年中国建筑业减污降碳效率区域内及区域间泰尔指数贡献率

年份	W_w	W_b	东部地区	中部地区	西部地区	东北地区
2010	0.866643107	0.133356893	0.452474051	0.043764044	0.360487547	0.009917464
2011	0.821359446	0.178640554	0.336656517	0.089501916	0.385134702	0.01006631
2012	0.881163512	0.118836488	0.460546558	0.040784315	0.372060883	0.007771757
2013	0.865083496	0.134916504	0.392911683	0.043864574	0.412722146	0.015585094
2014	0.885649317	0.114350683	0.421329944	0.06119694	0.391274337	0.011848095
2015	0.883079458	0.116920542	0.459498018	0.030271042	0.383902411	0.009407986
2016	0.894092639	0.105907361	0.574739012	0.038247814	0.371737837	0.024968143
2017	0.845691856	0.154308144	0.448956118	0.033132897	0.320205907	0.043396934
2018	0.846272189	0.153727811	0.483340124	0.048283235	0.306687416	0.007961414
2019	0.856659044	0.143340956	0.447000946	0.05906319	0.333877614	0.016717294
2020	0.864110828	0.135889172	0.430552634	0.066346023	0.334885429	0.032326743

4.2　建筑业减污降碳效率差异性分析

4.2.1　Dagum基尼系数

Dagum（1997）首次提出了Dagum基尼系数，与传统的非均等度计算指标（如泰尔指数、古典基尼系数）不同，Dagum基尼系数不依赖正态分布和同方差假设。它将样本的总体差异分解为组内差异、净差异和组间超变密度三个部分，从而更合理地刻画了经济意义上的子指标。该方法也被广泛应用于衡量我国各省份建筑业碳排放量空间差异。Dagum提出的组间基尼系数的概念在评估空间差异时起到了重要作用。

$$G_{jh} = \frac{\sum_{i=1}^{n_j}\sum_{r=1}^{n_h}\left|y_{ji} - y_{hr}\right|}{n_j n_h\left(\overline{y}_j + \overline{y}_h\right)} \tag{4-8}$$

式中，j和h是某两个特定地区的编号，n_j和n_h代表相应地区内的省份数目，y_{ji}和y_{hr}分别代表j地区内第i个省份和h地区内第r个省份的建筑业减污降碳效率，$\overline{y}_j$和$\overline{y}_h$代表相应地区内所有省份建筑业减污降碳效率的均值。如果参与计算的两个地区为同一地区，即$j=h$，则所得结果便为j地区的组内基尼系数G_{jj}。如果将样本内所有省份视为同一分组，则该“虚拟分组”的组内基尼系数便是所有区域建筑业减污降碳效率的总体Dagum基尼系数G。Dagum（1997）进一步将Dagum基尼系数分解为如下3个部分。

$$G = \sum_{j=1}^{k} G_{jj} p_j s_j + \sum_{j=1}^{k}\sum_{h \neq j} G_{jh} p_j s_h D_{jh} + \sum_{j=1}^{k}\sum_{h \neq j} G_{jh} p_j s_h\left(1 - D_{jh}\right) \tag{4-9}$$

$$G \equiv G_{\omega} + G_{nb} + G_t \tag{4-10}$$

式中，$p_j \equiv n_j/n$代表j地区内省份个数n_j占样本容量n的比例，$s_h \equiv n_h\overline{y_h}/n$中，$\overline{y_h}$代表$h$地区减污降碳效率占样本内所有区域建筑业减污降碳效率的比例。

由$\sum_j\sum_h p_j s_h = 1$可知，总体Dagum基尼系数是所有地区两两组合的区间（内）基尼系数G_{jh}的加权平均，且相应权重为$p_j s_h = G_{\omega}$，代表各地区内区域建筑业减污降碳效率差异对整体差异的总贡献，$G_{gb} \equiv G_{nb}/G_t$代表所有地区间差异的总贡献。

D_{jh}代表j地区和h地区之间的相对影响力，其计算公式为：

$$D_{jh} = \frac{d_{jh} - p_{jh}}{d_{jh} + p_{jh}} \tag{4-11}$$

$$d_{jh} = \int_0^{\infty} dF_j(y) \int_0^{y} (y - x) dF_h(x) \tag{4-12}$$

$$p_{jh} = \int_0^{\infty} dF_h(y) \int_0^{y} (y - x) dF_j(x) \tag{4-13}$$

在计算d_{jh}和p_{jh}之前需要调整两地区的编号，使得$\overline{y}_j \geq \overline{y}_h$，$\overline{y}_j$和$\overline{y}_h$分别代表$j$地区和$h$地区减污降碳效率占样本内所有区域建筑业减污降碳效率的比例；$F_j(\cdot)$和$F_h(\cdot)$分别代表调整后j地区和h地区建筑业减污降碳效率的累积分布函数。d_{jh}代表j地区和h地区间的总影响力，是j地区和h地区中所有$y_{ij} - y_{hr} > 0$汇总值的数学期望，可使用样本差值的加权平均做估计量，各差值所使用权重均为$1/n_j n_k$。p_{jh}代表j地区和h地区间的超变一阶矩，是j地区和h地区中所有$y_{hr} - y_{ij} > 0$汇总值的数学期望，可以使用与d_{jh}相同权重的样本加权平均做估计量。D_{jh}实际上代表了地区间净影响力$d_{jh} - p_{jh}$占其最大可能值$d_{jh} + p_{jh}$的比例，有$D_{jh} = D_{hj}$，且取值范围被限制为［0，1］，当且仅当$\overline{y}_j = \overline{y}_h$时取值为0，当且仅当$j$地区和$h$地区间不存在交叉、重叠时取值为1。故而，可用$G_{nb}$代表地区间净差异值的贡献，$G_t$代表地区间超变密度的贡献。

4.2.2 建筑业减污降碳效率总体及组内差异分析

利用基尼系数分解法对中国30个省份建筑业减污降碳效率的空间演化特征进行分析，弥补了泰尔指数等用于测度区域差距的方法无法解决考察数据存在交叉、重叠现象的问题，可更好地展现中国建筑业减污降碳效率区域差异的趋势变化，并能有效识别造成建筑业减污降碳效率区域差异的来源，为实现区域间减污降碳协同治理提供方向。使用Dagum基尼系数测算我国四大地区建筑业减污降碳效率的组内差异程度，测算结果如图4-1所示。

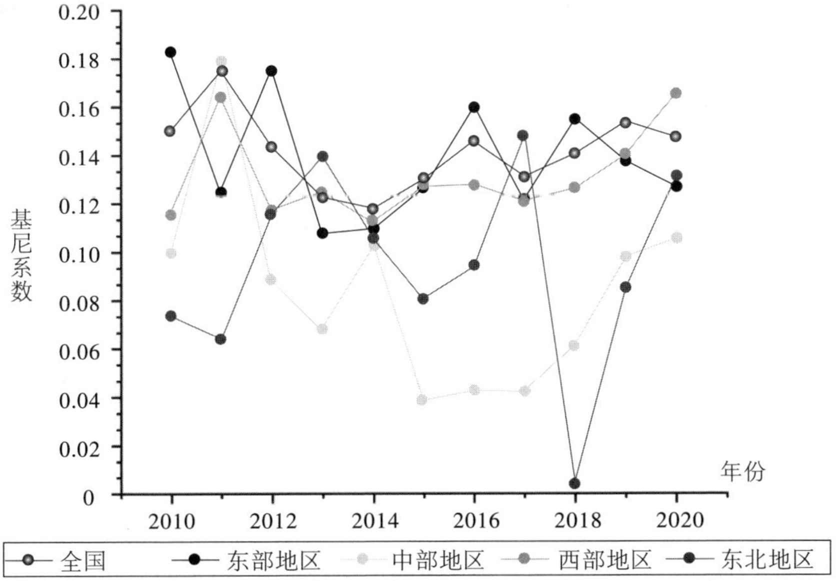

图 4-1　我国四大地区建筑业减污降碳效率组内差异的变化情况

从全国层面来看，我国四大地区建筑业减污降碳效率总体基尼系数较低，均值为0.141。这表明我国各省份减污降碳效率之间的不均衡程度总体保持在一个较低的水平。然而结合图4-1中总体基尼系数曲线的波动情况可知，2011—2014年间总体基尼系数由0.175降至0.118，降幅为32.57%。这表明此阶段内随着区域协调发展战略的实施，欠发达地区的经济增长带动了建筑业水平的提高，同时也明显改善了减污降碳效率，有效控制了四大地区建筑业减污降碳效率的总体差异。

自2014年开始，我国各省份之间的建筑业减污降碳效率不均衡情况逐渐加剧，总体基尼系数由0.118增长至0.147，涨幅为24.58%。这可能是因为发达地区已经采取了一系列节能减排措施，并使用了高效的节能减排技术，从而在一定程度上提高了建筑业减污降碳效率，而相对落后地区的建筑业仍然使用高能耗、高排放的运作方式，这也反映了四大地区建筑业低碳发展协同性逐渐减弱的现状。因此，为了缩小各地区建筑业碳排放效率的差距，除了不断研发新技术、新材料、新设备外，还应加强各地区之间的交流与合作，促进先进技术和管理理念的传播。

从区域层面来看，除东部地区外，在样本期间内其他三大地区的组内基尼系数普遍低于全国水平。这表明我国东部地区各省份在建筑业减污降碳效率方面存在明显差异。东部地区的平均组内基尼系数为0.139，整体呈波浪形下降趋势，由2010年的0.183降至2020年的0.127，降幅为30.6%，年均降幅3.06%。这说明东部地区已经意识到各省份建筑业发展不平衡的问题，但尚未找到稳定的解决途径。中部地区的组内差异程度最低，均值为0.084。由2010年的0.1增长至2020年的0.106，涨幅为6%，年均涨幅0.6%。这表明中部地区各省份之间的建筑业发展程度趋同，即中部地区并未存在建筑业发展较好的省份来对周围省份起到积极的空间外溢作用。通过第3章对我国四大地区的建筑业减污降碳效率计算可知，中部地区的建筑业减污降碳效率均值为四大地区中最低，因此，从某种程度上来说，中部地区的建筑业发展情况最为严峻。东北地区的组内差异程度波动幅度最大且有进一步增大的趋势，组内基尼系数均值为0.095，由2010年的0.074增长至2020年的0.131，涨幅为77%，年均涨幅7.7%。这是东北地区早期各省份之间的发展不均衡和不充分所导致的。西部地区的组内差异程度在四大地区中排名第二，组内基尼系数均值为0.131。自2011年达到峰值0.164以来，2011—2020年间整体呈现W形先减后增的趋势，由2010年的0.116增长至2020年的0.165，涨幅为42.24%，年均涨幅4.22%。这表明，西部地区在2011年意识到地区内各省份之间存在严重的组内差异后，采取了有效的政策进行干预。然而，2017年后地区内各省份之间的组内差异程度开始反弹，在2020年甚至达到0.165，超过了2011年的峰值水平。

4.2.3 建筑业减污降碳效率组间差异分析

依据 Dagum（1997）提出的组间基尼系数，测算我国2010—2020年间四大地区建筑业减污降碳效率之间的差异程度，测算结果如图4-2所示。

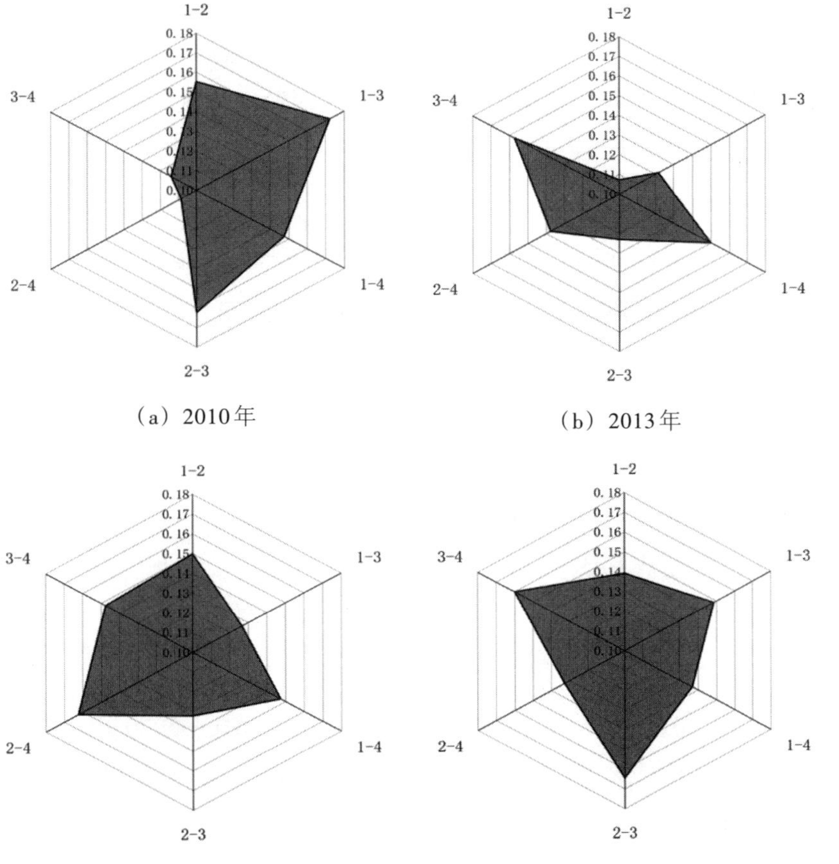

（a）2010年　（b）2013年

（c）2017年　（d）2020年

图4-2　我国2010—2020年间四大地区建筑业减污降碳效率组间差异变化情况

由图4-2可知，2010—2020年间四大地区的组间差异程度均呈波浪形波动趋势。说明我国四大地区的建筑业在有意识地提高减污降碳效率，但各区域的年均提升程度有所差别。总体来看，四大地区间差异均值为0.145。东部-中部地区（0.150）、东部-西部地区（0.149）、东部-东北地区（0.153）、西部-东北地区（0.151）2010—2020年间的组间基尼系数均值高于平均水平；中部-西部地区（0.141）、中部-东北地区（0.124）2010—2020年间的组间基尼系数均值低于平均水平。

从区域间差异的数值水平来看，2012年和2018年，东部-东北地区组间差异程度最大；研究期间其他年份，东部-西部地区组间差异程度最大。

从区域间差异的时变趋势来看，在2010—2020年间，东部-中部地区、东部-西部地区、东部-东北地区的组间差异程度总体上呈降低趋势，分别降低了0.016、0.024与0.011，年均降幅为0.146%、0.215%与0.096%。中部-西部地区、中部-东北地区、西部-东北地区的组间差异程度总体上呈增长趋势，分别增长了0.002、0.024与0.046，年均涨幅为0.021%、0.221%与0.419%。由于各地区之间组间差异水平波动情况过于频繁，具体波动情况在此不赘述。

4.2.4 建筑业减污降碳效率差异来源分解

运用公式（4-8）至（4-13）计算，可以将2010—2020年间的样本数据整体差异分解为三个层面：组内贡献、组间净贡献与组间超变密度。各部分的绝对数值及所占的相对份额如图4-3所示，样本期间基尼系数具体数值见表4-4。由表4-4可知，在2010—2020年间地区差异来源分解中，超变密度贡献值最高，均值为0.1055；其次为区域间贡献值，均值为0.0696；区域内贡献值最小，均值为0.0668 。从区域差异来源的贡献程度来看，超变密度贡献程度最高，均值为43.63%；其次为区域间贡献程度，均值为28.82 %；区域内贡献程度最小，均值为27.45 %。因此，缩小区域间的差异对解决建筑业减污降碳效率的不平衡问题较为关键。图4-3展示了2010—2020年间区域差异来源贡献值与贡献度的变化情况，由图可知，区域内差异的贡献程度呈波浪形增长趋势，由27.59%增长至28.74%，上涨了1.15%；区域间差异的贡献程度呈波浪形递减趋势，由37.44%降低至15.83%，下降了21.61%；超变密度的贡献程度反映了四大地区子群间因交叉项的统计对建筑业减污降碳效率总体差异的影响，该指标总体呈波浪形增长趋势，由34.98%增长至55.43%，上涨了20.45%，表明区域间差异和区域内差异的交互影响作用存在增强趋势。

表4-4　2010—2020年四大地区建筑业减污降碳效率基尼系数

年份	区域内基尼系数	贡献率	区域间基尼系数	贡献率	超变密度	贡献率
2010	0.064927852	27%	0.081521629	34%	0.09191804	39%
2011	0.062427192	28%	0.074065341	33%	0.090480727	40%
2012	0.062773866	27%	0.070010312	30%	0.100069162	43%
2013	0.059401897	27%	0.064965889	30%	0.09520017	43%
2014	0.061855188	27%	0.070904035	31%	0.093682876	41%
2015	0.069230254	28%	0.080472159	33%	0.095756606	39%
2016	0.072507856	27%	0.095585893	36%	0.0972801	37%
2017	0.07057845	28%	0.048718147	20%	0.128940814	52%
2018	0.070435504	28%	0.055615188	22%	0.125705579	50%
2019	0.072975985	27%	0.080264538	30%	0.114764575	43%
2020	0.068002883	28%	0.04383634	18%	0.127058003	53%

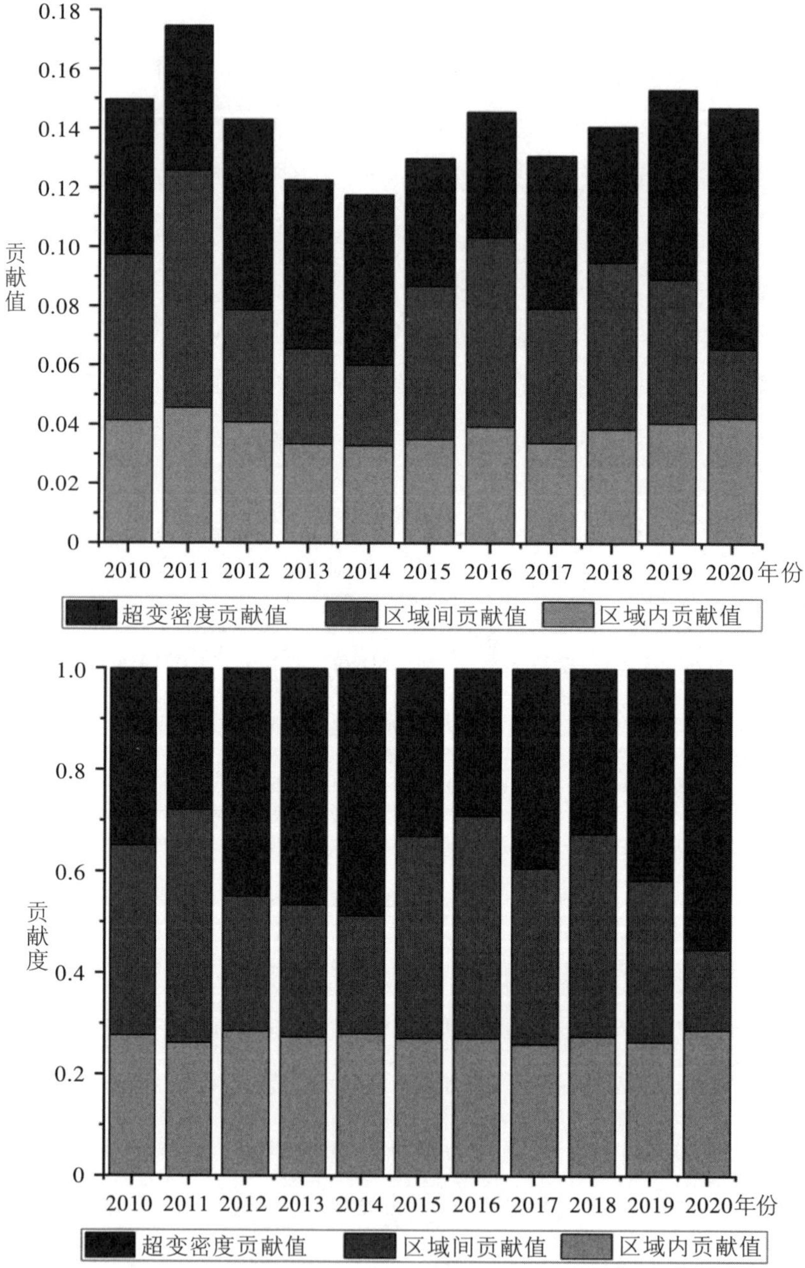

图 4-3 我国四大地区建筑业减污降碳效率的空间差异及其来源分解

4.3 建筑业减污降碳效率空间异质性

现实中，空间异质性是事物和现象在空间分布上的非均匀性或非随机性导致的。空间异质性是指每一个空间区位上的事物和现象都具有和其他区位上事物和现象不同的特点。事物和现象在空间上存在异质性，一方面是由于各种事物和现象本身在空间上的结构是不平稳的；另一方面是因为空间单位本身在面积、形状等方面差别很大，并不是均质的。在空间上出现相邻地区随机变量的高值或低值集聚的现象时为正的空间自相关，而当某一地理区域的随机变量值与其相邻区域的随机变量值相异时为负的空间自相关（管智超，2023）。空间自相关是空间相关性的主体内容，用来刻画观测数据的集聚程度，若研究的经济变量因距离的缩短而变得相似，则称为空间正相关，若经济变量存在相互排斥，则称为空间负相关。探索性回归分析通常是用来识别空间自相关的方法，并判断数据是否存在空间集聚效应，具体为全局空间自相关以及局部空间自相关。

Moran's I统计量的取值范围一般处于-1~1之间，当Moran's I统计量小于0时，代表负相关，当Moran's I统计量等于0时，代表不相关，当Moran's I统计量大于0时，代表正相关。Moran's I统计量的值越接近于-1，代表地理单元间存在的差异越大或分布越不均衡；Moran's I统计量的值越接近于1，表示地理单元间的空间关系越密切，邻近地理单元的性质由于相似会出现高值集聚或低值集聚的现象；Moran's I统计量的值越接近于0，则代表地理单元间的空间关系越不明显。全局空间自相关识别研究对象的整体空间分布状态，主要用全局Moran's I指数来衡量；局部空间自相关用来检测局部位置的空间分布特征，常用的度量指标有局部Moran's I指数和Moran's I局部散点图。Moran's I指数的计算简洁且易于理解，在不同的计量模型中有成熟的估算方法，被广泛应用于文献中。在应用空间计量模型之前，需要检验不同地理单元之间的空间依赖性，其前提是显著的空间相关性。本书将采用Moran's I指数对建筑业减污降碳效率进行空间自相关检验分析。进行空间自相关检验之前需要度量区域间的空间距离，通常用空间权重矩阵来表示。全局 Moran's I 指数用来描述不同区域单一变量值是否显著地与其相邻空间的变量值相关联，数学表达式见公式（4-14）：

$$Moran'sI = \frac{n\sum_{i=1}^{n}\sum_{j=1}^{n}\omega_{ij}(x_i - \bar{x})(x_j - \bar{x})}{\sum_{i=1}^{n}\sum_{j=1}^{n}\omega_{ij}(x_i - \bar{x})^2} \tag{4-14}$$

式中，x_i，x_j分别代表第i和第j省建筑业减污降碳效率的测算值，$\bar{x}$为建筑业减污降碳效率的均值，ω_{ij}为空间权重矩阵，表示任意两个省份之间相互关联程度。

研究中利用全局Moran's I指数来刻画建筑业减污降碳效率的空间关联状态，数值区间为［-1，1］。若Moran's I指数为正，则表明研究对象在各省存在空间正相关，建筑业减污降碳效率相似的省呈现集聚趋势，表现为高值聚集或低值聚集，数值越接近于1，则集聚性越强。若Moran's I指数为负，各省建筑业减污降碳效率表现为空间负相关，呈现出“高低聚集”或“低高聚集”。Moran's I指数越接近于-1，表明区域之间建筑业减污降碳效率的差异性越大；若Moran's I指数为0则表示各省建筑业减污降碳效率的关联性不明显。为研究我国建筑业减污降碳效率的空间分布状况与变化趋势，本书使用探索性空间分析方法（ESDA）进行空间自相关分析，引入Moran's I指数探讨2010—2020年间省际建筑业减污降碳效率的全局和局部空间变化特征。

4.3.1 全局空间自相关分析

本书根据Queen标准构建一阶空间权重矩阵，使用ArcGIS10.5软件的空间统计工具，对我国2010—2020年各省的建筑业减污降碳效率进行全局空间自相关分析，将计算得到的Moran's I指数与相应的P值和Z值进行汇总。从表4-5中可知，部分年份建筑业减污降碳效率的Moran's I指数均显著为正。从Moran's I指数的变化趋势可知，2010—2020年间，Moran's I指数出现了不稳定的上下波动，在2013年达到了最低值；自2014年开始，Moran's I指数呈现出明显的上升趋势，在2018年达到了较高水平。由此可知，在研究期间内，我国建筑垃圾产量有较为明显的正向空间相关性，但这种聚集效应在波动中呈现上升趋势。整体来看，建筑业减污降碳效率的全局Moran's I指数在样本考察期内呈现出先波动变化后持续上升的态势，可见我国建筑业减污降碳效率逐渐进入了稳步向前推进的状态，并加强了省际建筑业减污降碳效率的空间联系，使全国的空间关联愈发明显，空间集聚性逐渐增强。

表4-5 2010—2020年中国省域建筑业减污降碳效率的全局空间Moran's I指数

年份	*Moran's I*	*P-value*	*Z*
2010	0.1092	0.1100	1.2372
2011	0.1039	0.1250	1.1587
2012	0.0086	0.3530	0.3572
2013	−0.017	0.4140	0.113
2014	0.0039	0.3510	0.315
2015	0.1767**	0.0430	1.8633

续表

年份	*Moran's I*	*P-value*	*Z*
2016	0.2307**	0.0200	2.3088
2017	0.1166	0.1080	1.2464
2018	0.3412***	0.0040	3.1651
2019	0.3103***	0.0080	2.7805
2020	0.1550*	0.0730	1.5236

注：*、**、***分别表示在10%、5%、1%的水平下显著。

4.3.2 局部空间自相关分析

全局Moran's I指数只能描述区域内某种现象整体的空间集聚状况，而不能分析每个个体的空间自相关性和具体的集聚位置。其仅能在整体上反映建筑业减污降碳效率的空间相关性，且可能存在区域之间指数正负相抵的情况，使全局Moran's I指数趋于0，由此可能造成结果的不准确性，以及无法准确表现其内部具体空间分布特征。为更深入地研究我国各省与其周围省份建筑业减污降碳效率的空间关联情况，本书采用局部空间自相关Moran's I指数进行分析。

以局部Moran's I指数的结果绘制出局部散点图，四个象限分别表示不同的空间相关性（汪振双，2023）。其中，横坐标表示各省建筑业减污降碳效率水平，纵坐标为经空间权重矩阵加权后的各省建筑业减污降碳效率水平，即各省建筑业减污降碳效率的空间滞后水平，散点图的四个象限的含义见表4-6。

其中，H-H和L-L区域的省份存在典型的空间正相关，分别为高集聚区和低集聚区，即自身的区域建筑业减污降碳效率与相邻省份具有相似性和空间依赖性；而H-L和L-H则表现为典型的无空间相关性，即观测值与其邻近区域之间的差异性较大，表现为空间异质性。

表4-6　　局部Moran's I指数检验象限含义

象限	表示	含义
第一象限	H-H	自身区域建筑业减污降碳效率较高，其相邻省份的建筑业减污降碳效率较高
第二象限	L-H	自身区域建筑业减污降碳效率较低，其相邻省份的建筑业减污降碳效率较高
第三象限	L-L	自身区域建筑业减污降碳效率较低，其相邻省份的建筑业减污降碳效率较低
第四象限	H-L	自身区域建筑业减污降碳效率较高，其相邻省份的建筑业减污降碳效率较低

使用GeoDa1.12.1软件绘制Moran's I局部散点图与LISA集聚图，以直观展现我国省际建筑业减污降碳效率的空间分布特征。当目标区域的各空间单元的地理位置和其对应的观测值均相似时，就会整体呈现出空间正相关的空间模式；而当目标区域的各空间单元的地理位置和其对应的观测值具有不同寻常的差异时，就会呈现出空间负相关的空间模式；当目标区域的各空间单元的地理位置和其对应的观测值的分布相互独立时，就会出现零空间自相关性。

第一象限（H-H）内的中心省域及其相邻省域的建筑业减污降碳效率均较高；第二象限（L-H）内的中心省域的建筑业减污降碳效率较低，而其相邻省域的建筑业减污降碳效率较高；第三象限（L-L）内的中心省域及其相邻省域的建筑业减污降碳效率均较低；第四象限（H-L）内的中心省域的建筑业减污降碳效率较高，而其相邻省域的建筑业减污降碳效率较低。

其中，第一、三象限内省域的建筑业减污降碳效率展现出较强的空间正相关，即均质性；而第二、四象限内省域的建筑业减污降碳效率存在较强的空间负相关，即异质性。将四个象限内的省汇总见

表4-7。

表4-7　**中国各省域建筑业减污降碳效率的空间关联演化表**

年份	象限	数量	省
2010	Ⅰ（H-H）	3	新疆、甘肃、黑龙江
	Ⅱ（L-H）	1	四川
	Ⅲ（L-L）	2	山东、安徽
	Ⅳ（H-L）	1	江西
	不显著	23	山西、宁夏、河南、江苏、湖北、浙江、湖南、云南、贵州、福建、广西、广东、海南、吉林、辽宁、天津、青海、陕西、内蒙古、重庆、河北、上海、北京
2011	Ⅰ（H-H）	2	新疆、黑龙江
	Ⅱ（L-H）	1	四川
	Ⅲ（L-L）	2	山东、安徽
	Ⅳ（H-L）	1	江西
	不显著	24	山西、宁夏、河南、江苏、湖北、浙江、湖南、云南、贵州、福建、广西、广东、海南、吉林、辽宁、天津、青海、陕西、内蒙古、重庆、河北、上海、北京、甘肃
2012	Ⅰ（H-H）	1	新疆
	Ⅱ（L-H）	1	四川
	Ⅲ（L-L）	4	山东、安徽、河南、辽宁
	Ⅳ（H-L）	1	黑龙江
	不显著	23	山西、宁夏、江苏、湖北、浙江、湖南、云南、贵州、福建、广西、广东、海南、吉林、天津、青海、陕西、内蒙古、重庆、河北、上海、北京、甘肃、江西

续表

年份	象限	数量	省
2013	Ⅰ（H-H）	1	新疆
	Ⅱ（L-H）	2	四川、广东
	Ⅲ（L-L）	1	河南
	Ⅳ（H-L）	1	黑龙江
	不显著	25	山西、宁夏、江苏、湖北、浙江、湖南、云南、贵州、福建、广西、海南、吉林、天津、青海、陕西、内蒙古、重庆、河北、上海、北京、甘肃、江西、山东、安徽、辽宁
2014	Ⅰ（H-H）	1	新疆
	Ⅱ（L-H）	1	广东
	Ⅲ（L-L）	1	河南
	Ⅳ（H-L）	2	黑龙江、山西
	不显著	25	宁夏、江苏、湖北、浙江、湖南、云南、贵州、福建、广西、海南、吉林、天津、青海、陕西、内蒙古、重庆、河北、上海、北京、甘肃、江西、山东、安徽、辽宁、四川
2015	Ⅰ（H-H）	0	—
	Ⅱ（L-H）	0	—
	Ⅲ（L-L）	4	河南、内蒙古、山西、辽宁
	Ⅳ（H-L）	2	黑龙江、陕西
	不显著	24	宁夏、江苏、湖北、浙江、湖南、云南、贵州、福建、广西、海南、吉林、天津、青海、重庆、河北、上海、北京、甘肃、江西、山东、安徽、四川、新疆、广东

续表

年份	象限	数量	省
2016	Ⅰ（H-H）	0	—
	Ⅱ（L-H）	0	—
	Ⅲ（L-L）	4	河南、山西、陕西、宁夏
	Ⅳ（H-L）	1	黑龙江
	不显著	25	江苏、湖北、浙江、湖南、云南、贵州、福建、广西、海南、吉林、天津、青海、重庆、河北、上海、北京、甘肃、江西、山东、安徽、四川、新疆、广东、辽宁、内蒙古
2017	Ⅰ（H-H）	1	黑龙江
	Ⅱ（L-H）	0	—
	Ⅲ（L-L）	3	河南、山西、宁夏
	Ⅳ（H-L）	1	陕西
	不显著	25	江苏、湖北、浙江、湖南、云南、贵州、福建、广西、海南、吉林、天津、青海、重庆、河北、上海、北京、甘肃、江西、山东、安徽、四川、新疆、广东、辽宁、内蒙古
2018	Ⅰ（H-H）	2	江苏、上海
	Ⅱ（L-H）	0	—
	Ⅲ（L-L）	6	河南、山西、宁夏、内蒙古、吉林、辽宁
	Ⅳ（H-L）	2	黑龙江、北京
	不显著	20	湖北、浙江、湖南、云南、贵州、福建、广西、海南、天津、青海、重庆、河北、甘肃、江西、山东、安徽、四川、新疆、广东、陕西

续表

年份	象限	数量	省
2019	Ⅰ（H-H）	2	贵州、湖南
	Ⅱ（L-H）	0	—
	Ⅲ（L-L）	4	宁夏、内蒙古、吉林、辽宁
	Ⅳ（H-L）	2	黑龙江、山西
	不显著	22	湖北、浙江、云南、福建、广西、海南、天津、青海、重庆、河北、甘肃、江西、山东、安徽、四川、新疆、广东、陕西、江苏、上海、北京、河南
2020	Ⅰ（H-H）	2	贵州、广东
	Ⅱ（L-H）	1	湖南
	Ⅲ（L-L）	6	宁夏、内蒙古、辽宁、山西、河南、陕西
	Ⅳ（H-L）	1	黑龙江
	不显著	20	湖北、浙江、云南、福建、广西、海南、天津、青海、重庆、河北、甘肃、江西、山东、安徽、四川、新疆、江苏、上海、北京、吉林

在各年的象限分布中，不显著的省份数量均是最多的，占据总省份的一半以上。2010—2020年，长期呈现出低集聚特征的省份为宁夏、内蒙古、辽宁、山西、河南等省份，且不具备较强的地理位置优势，在建筑业发展方面很少与周围省份进行交流与合作，导致其自身与附近地区的减污降碳效率均较低。新疆等地长期位于第一象限，表明在其建筑业发展的同时，积极进行建筑业技术溢出，有效地带动了周围省份的建筑业低碳、绿色发展，使自身和邻近省份的减污降碳效率均较高。曾经居于第四象限的江西、山西、陕西等地是排放量较高的省份，其周围省份的建筑业发展有很大的上升空间，则这些省份可

在其建筑业发展状况较好的基础上，带领附近的省份一同扩大建筑业规模。四川等省份长期呈现出低高集聚的特征，可利用周围省份建筑业较发达的优势，积极参与省际合作，加快自身经济建设和建筑业的发展，聚集点数量随时间推移而增加。研究期内北京、湖北和广东等地在回波效应的作用下，仍处于吸引周边省份各类生产要素聚集的极化发展阶段，一定程度上挤占了周边省份建筑业减污降碳效率的提升空间，导致其与联系紧密的省份形成了发展逆差。

在样本期间内，湖南在2019年和2020年在第一象限和第二象限变动，其建筑业减污降碳效率起初较低，在经历了一段时间的稳定增长后，于2016年出现了小幅度下降，又持续增长至2018年，从而导致其集聚特征发生变化。辽宁的建筑废弃物排放量的增长速度从2011年开始下降，在2015年出现了大幅降低，使其建筑业减污降碳效率呈现出不同状态。由于辽宁周围省份的建筑废弃物排放量长期较低，其受到空间关联的影响，在建筑业减污降碳效率提高后又逐渐下降至较低水平。可见我国各省建筑业减污降碳效率的空间集聚效应非常明显，会在很大程度上影响各省的建筑业发展状况。

4.4 建筑业减污降碳效率空间演变特征

4.4.1 标准差椭圆分析方法

标准差椭圆分析方法最早由Lefever（1926）提出，目前主要被用来从整体和空间的视角展示空间要素的演变特征，主要用于反映数据要素的集中程度、分散程度和方向趋势。标准差椭圆分析方法的基本参量有椭圆中心、方位角、长轴、短轴等（杨清可等，2014）。其中，椭圆中心能够反映出区域内各经济中心的分布和移动特性，方位角体现了各经济轴的分布趋势，长轴是各经济要素在空间上的主要方向，短轴是各经济要素在空间上的次要方向（Wang et al.，2022）。本书引入标准差椭圆分析方法分析建筑业减污降碳效率的空间方向变动特征、空间趋势以及集聚程度与趋势。

标准差椭圆平均中心：假定一个地区由一个个子区组成，它是该地区的中央坐标，代表了该地区的某些属性值和权数，那么该平均中心的计算公式如下：

$$M\left(\overline{X},\ \overline{Y}\right)=\left[\frac{\sum_{i=1}^{n}\omega_i x_i}{\sum_{i=1}^{n}\omega_i}\cdot\frac{\sum_{i=1}^{n}\omega_i y_i}{\sum_{i=1}^{n}\omega_i}\right] \tag{4-15}$$

式中：x_i 与 y_i 是第 i 个子区域坐标；$(\overline{X},\ \overline{Y})$ 为标准差椭圆的中心坐标；n 为子区域的数量。

旋转角 θ 的计算公式为：

$$tan\theta=\frac{A+B}{C} \tag{4-16}$$

$$A=\sum_{i=1}^{n}\tilde{x}_i^2-\sum_{i=1}^{n}\tilde{y}_i^2$$

$$B=\sqrt{(\sum_{i=1}^{n}\tilde{x}_i^2-\sum_{i=1}^{n}\tilde{y}_i^2)^2+4(\sum_{i=1}^{n}\widetilde{x_i}\widetilde{y_i})^2}$$

SDE长短轴计算公式为：

$$SDE_x=\sqrt{\frac{\sum_{i=1}^{n}(x_i-\overline{X})}{n}}$$

$$SDE_y=\sqrt{\frac{\sum_{i=1}^{n}(y_i-\overline{Y})}{n}} \tag{4-17}$$

式中：x_i 与 y_i 坐标为第 i 个子区域与中心的偏差。

标准差椭圆的分布范围即某要素（本书中指建筑业减污降碳效率）空间分布的主要范围；椭圆平均中心即建筑业减污降碳效率在空间分布上的重心；旋转角表示建筑业减污降碳效率分布的主趋势方向；长轴上的标准差可以反映出建筑业减污降碳效率在主趋势方向上的离散程度。

4.4.2 建筑业减污降碳效率空间格局演变

根据全国30个省份空间位置坐标和建筑业减污降碳效率情况，采用空间统计工具ArcGIS10.5，椭圆采用一级标准差椭圆，绘制出2010年、2012年、2014年、2016年、2018年和2020年的建筑业减污降碳效率空间重心分布变化及标准差椭圆变化，进而探讨其空间演化过程及平衡性，相关统计参数见表4–8。

表4–8 **建筑业减污降碳效率的重心特征值**

年份	重心经度	重心纬度	长轴（km）	短轴（km）	椭圆面积（km^2）	方位角（°）
2010	111.30	34.04	1 194.48	1 078.92	4 048 506.56	27.01
2012	111.54	33.88	1 212.70	1 074.61	4 093 824.07	24.76
2014	112.07	34.03	1 159.53	1 052.86	3 835 116.67	31.61
2016	112.39	34.25	1 159.82	1 032.97	3 763 626.52	41.36
2018	112.11	33.60	1 128.23	1 041.05	3 689 771.60	48.93
2020	111.93	33.80	1 183.45	1 062.21	3 949 002.94	40.58

从椭圆长短轴来看，长轴标准差呈先增大后减小再增大的趋势，总体来看有小幅度降低，2010年长轴标准差为1 194.48km，而2020年为1 183.45km，表明我国建筑业减污降碳效率在“东北–西南”方向上表现出聚集趋势。短轴标准差呈先减小后增大的趋势，2010—2016年逐渐减小，2018—2020年有所增加，整体来看有所降低，从2010年的1 078.92km降低至2020年的1 062.21km，表

明我国建筑业减污降碳效率在“西北-东南”方向上也出现了聚集趋势。

从椭圆面积来看，2010—2012年有所增大，2012—2018年逐渐减小，2018—2020年有所增加，整体来看有小幅度下降，从2010年的4 048 506.56km^{2}降低至2020年的3 949 002.94km^2，呈收缩趋势。尽管建筑业减污降碳效率在一定时期内有所波动，但总体上趋于集中和优化，表明各地区在实施节能减排措施方面取得了一定的成效。

2010—2020年间，中国建筑业减污降碳效率重心始终位于河南省，集中出现在南阳市和洛阳市，重心坐标位于东经111.30°~112.39°，北纬33.60°~34.25°之间，反映出中部地区在建筑业发展中的重要地位。2010—2012年，重心向东南方向移动；2012—2016年，重心向东北方向移动；2016—2018年，重心向西南方向移动；2018—2020年，重心向西北方向移动。重心先向北移动后向南移动，整体来看有南移趋势，可以看出南方地区积极推进建筑业低碳、绿色转型。从空间分布来看，中国建筑业减污降碳效率整体呈现出“东北-西南”的分布格局。2010—2020年建筑业减污降碳效率方位角出现小幅度顺时针旋转，逐渐向“东北-西南”方向分布。这表明，整体来看我国信息服务业发展水平不断提高，东部地区依然是我国信息服务业发展水平较高的地区。

4.5 建筑业减污降碳效率动态演进特征

4.1和4.2小节分别揭示了我国四大地区建筑业减污降碳效率空间不平衡和总体差异的数值水平及来源，并识别出我国四大地区之间相对差异的变化轨迹，但无法对四大地区建筑业减污降碳效率绝对差异变化的动态演进特征进行描述。

4.5.1 核密度分析方法

核密度分析方法是一种重要的非参数估计方法，其可以将直方图平滑化，通过使用连续的密度曲线来描述各个省份建筑业二氧化碳排放量的分布特点。单个样本的核密度曲线水平位置可以反映建筑业的二氧化碳排放效率，而曲线的波峰和宽度则反映了该地区二氧化碳排放量的集聚情况。波峰的数量可以描述采样数据的极化程度，而分布的延伸性则可以反映最高或最低碳排放效率的省份与其他省份之间的差距。数量越大，表示该地区与其他省份的差别程度越大。通过对同一地区多个样本的核密度曲线进行纵向比较，可以确定该地区的减污降碳效率分布特点。通过横向比较多个地区的核密度曲线，可以发现它们在减污降碳效率变化轨迹上的差异。具体来讲，j地区减污降碳效率的核密度曲线由如下函数生成：

$$f_j(y)=\frac{1}{n_j h}\sum_{i=1}^{n_j}K\left(\frac{y_{ji}-y}{h}\right) \tag{4-18}$$

式中，$K(\cdot)$代表核密度函数，描述了y邻域内所有样本点y_{ji}所占的权重，h代表核密度估计的窗宽。关于核密度函数的选择，常见的有高斯核、Epanechnikov核、双角核、三角核等。然而，在一般情况下，不同核密度函数的选择对估计结果的影响并不大。因此，本书以最常见的高斯核函数作为讨论基础。在窗宽的选择方面，窗宽越小，估计量越精确。但是，这也会导致参与计算的样本数量减少，从而使估计量的方差增大，并且密度曲线的光滑性也会变差。本书采用Silverman（1986）提出的最优窗宽选择方法来确定窗宽。

因此，本书运用核密度估计法对四大地区样本数据的分布特征进行刻画，并着重于其分布位置、主峰演进态势、分布延展性、极化趋势等，在表4-9中总结了对应的动态演进特性，并在图4-4中进行了核密度估算。

表4-9 **2010—2020年全国及四大地区建筑业减污降碳效率的动态演进特征**

地区名称	分布位置	主峰演进态势	分布延展性	极化趋势
全国	右移	峰值上升，宽度缩小	左拖尾，延展性收缩	多极化趋势
东部地区	右移	峰值上升，宽度扩大	左拖尾，延展性收缩	多极化趋势
中部地区	左移	峰值下降，宽度缩小	右拖尾，延展性收缩	多极化趋势
西部地区	右移	峰值上升，宽度缩小	左拖尾，延展性收缩	多极化趋势
东北地区	左移	峰值下降，宽度扩大	左拖尾，延展性收缩	多极化趋势

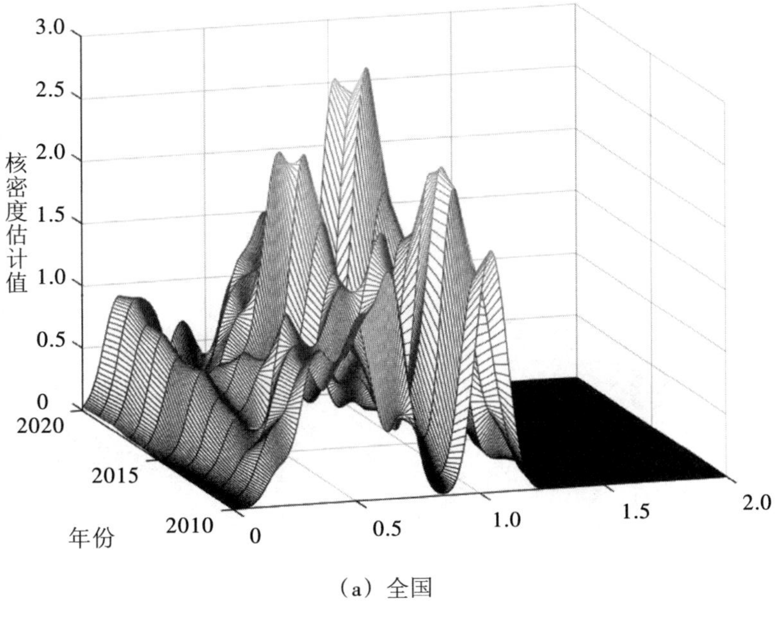

(a) 全国

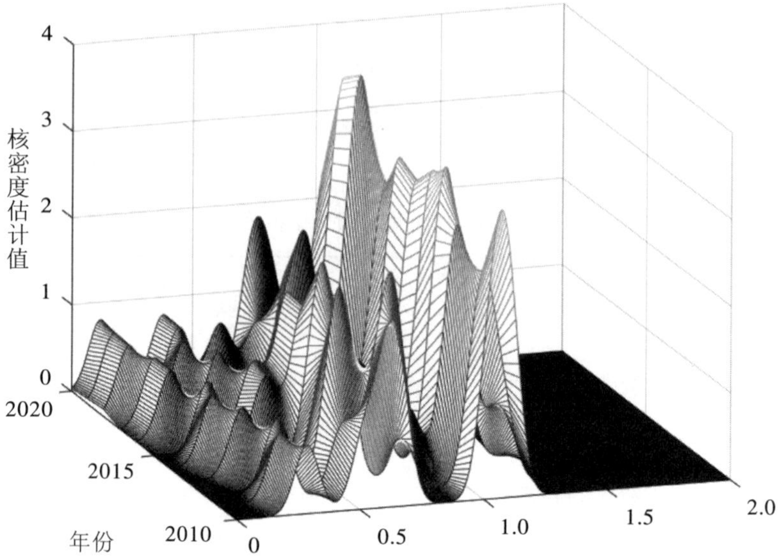
4
3
2
1
0
核密度估计值
2020
2015
2010
年份
0
0.5
1.0
1.5
2.0
（b）东部地区

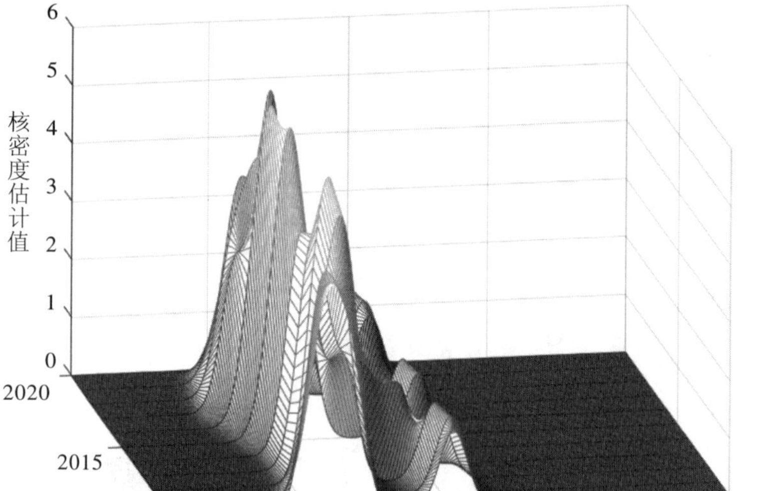
6
5
4
3
2
1
0
核密度估计值
2020
2015
2010
年份
0
0.5
1.0
1.5
2.0
（c）中部地区

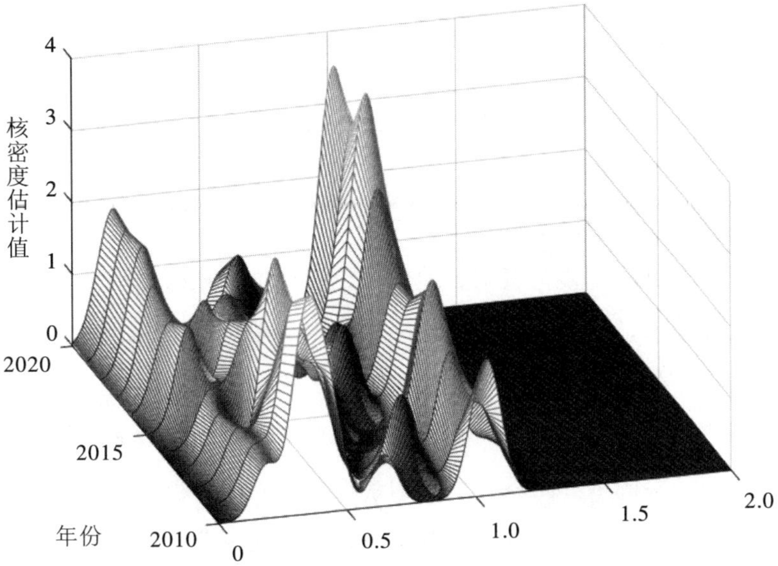

（d）西部地区

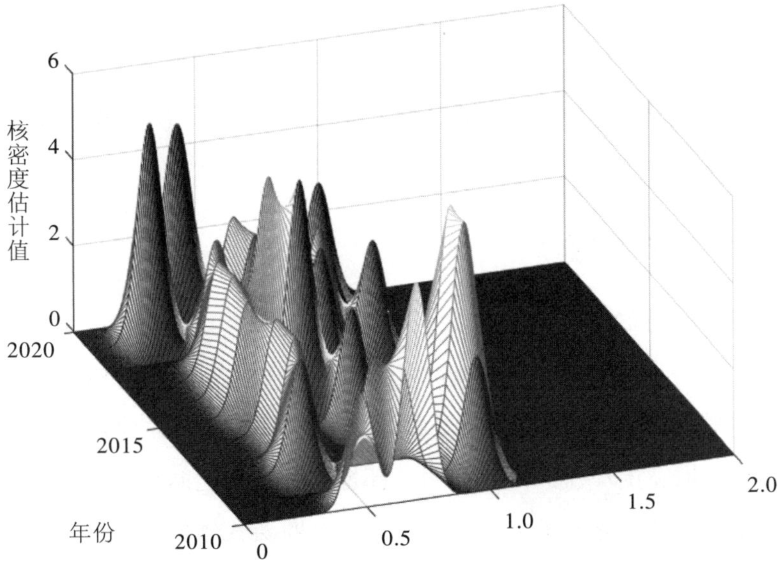

（e）东北地区

图 4-4　建筑业减污降碳效率的动态演进

4.5.2　分布位置

自“十一五”时期以来，我国已将减排和减碳工作纳入国家经济发展的限制性目标，大多数省份的建筑业碳排放效率呈增长趋势，我国在低碳减排方面已取得阶段性成果。东部与西部地区的核密度曲线出现不同程度的右移，表明各地建筑企业在推动低碳经济发展方面取得了良好效果，这将有助于我国尽早实现“碳达峰”“碳中和”目标。需要指出的是，调查期间中部与东北地区的核密度曲线出现左移的情况，表明该地区面临较大的减碳压力，部分绿色环境政策的制定和执行仍面临一定困难。区域产业结构合理化，以及绿色全要素生产率虽然是实现建筑业减污降碳的重要途径，但在建筑业发展过程中受到各方面的约束，导致产业间差异化程度以及绿色技术进步并没有发挥显著的建筑业减污降碳作用。建筑业减污降碳发展程度由关注要素投入转向关注要素是否在资源配置和管理水平提升下实现最优利用，建筑业减污降碳技术创新的外溢性进一步助益建筑业减污降碳绿色发展均衡性的提高。

4.5.3　主峰分布形态

全国层面核密度曲线表现为主峰高度上升且宽度缩小，意味着样本期间内各省份建筑业碳排放效率趋于同一水平，在总体上离实现“碳达峰”的路径愈发接近。东部地区核密度曲线的主峰高度虽呈上升态势，但宽度却在扩大。说明东部地区各省份之间的建筑业减污降碳效率差异正在逐渐扩大，个别省份存在断层式领先的情况。而东北地区核密度曲线的主峰高度下降的同时，宽度也在扩大，说明东北地区各省份建筑业减污降碳效率的提升形势不容乐观，整体下降的同时，各省份之间的差距还在逐渐扩大。中部地区核密度曲线的峰值虽然处于下降趋势，但其宽度正在缩小，说明我国中部地区建筑业减污降碳效率的提升虽处于下滑状态，但各省份之间的差距正在缩小，整体性较强。西部地区的核密度曲线则与全国核密度曲线的趋势完全相同，说明我国西部地区的建筑业在响应国家“碳达峰”号召的过程中与其他三大地区相比属于领先地位。

4.5.4 分布延展性

全国和东部、西部、东北地区的核密度曲线均存在显著的左拖尾现象，即地区内部分城市的建筑业减污降碳效率远低于地区内其他城市。中部地区的核密度曲线则存在着显著的右拖尾现象，说明中部地区部分城市的建筑业减污降碳效率显著高于同一地区内其他城市，对其他城市具有明显的带动作用。虽然全国、东部、西部、东北地区的核密度曲线存在显著的左拖尾现象，但四者的延展性与中部地区一致，均在收缩，这表明随着国家减污降碳政策的实施，我国四大地区之间建筑业减污降碳效率的绝对差异正在缩小。

4.5.5 波峰数目

全国和四大地区在样本期间内均存在多峰现象，说明我国各地区建筑业减污降碳效率均存在多极化现象。其中，西部和东北地区的主峰和侧峰之间的距离较大，表明这两个地区内部存在着较为明显的空间多极化现象；从全国角度来看，样本中后期全国核密度分布曲线的峰数出现了明显的减少，意味着我国各省份的多极化特征在整体上趋于弱化，地区内差异化程度逐渐降低。

4.6 建筑业减污降碳效率敛散性分析

4.6.1 收敛模型

收敛模型在经济学领域得到广泛应用，不仅仅局限于经济发展方面，它在资源配置效率、碳生产率变化等方面也取得了长足的进展。碳排放效率作为一种效率指标，在“碳达峰”“碳中和”目标稳定推进的过程中，将保持在一个稳定的水平。因此，利用收敛模型来分析我国各大城市及主要战略地区的二氧化碳排放量的长期变化特点是非常合适的。常见的收敛模型有σ收敛和β收敛。σ收敛是指各地区碳排放效率的离差随着时间变化而不断降低的趋势，本书采用变异系数度量σ收敛的情况，计算公式如下：

$$\sigma = \frac{\sqrt{\sum_{i=1}^{N_j}\left(CMI_{ij} - \overline{CMI_{ij}}\right)^2 / N_j}}{\overline{CMI_{ij}}} \tag{4-19}$$

β收敛是指随着时间的推进，碳排放效率较高的地区与碳排放效率较低的地区之间差距逐步缩小，最终达到同一稳态水平。β收敛又可以分为绝对β收敛和条件β收敛。绝对β收敛是指不考虑对碳排放效率具有重要影响的一系列因素，地区间的建筑业减污降碳效率具有收敛的趋势。绝对β收敛模型如下：

$$\ln\left(\frac{CMI_{i,\ t+1}}{CMI_{it}}\right) = \alpha + \beta\ln\left(CMI_{it}\right) + \mu_i + \eta_t + \varepsilon_{it} \tag{4-20}$$

式中，$CMI_{i,\ t+1}$表示第i个城市在t+1期的建筑业减污降碳效率，CMI_{it}表示第i个区域在t期的建筑业减污降碳效率，$\ln\left(\frac{CMI_{i,\ t+1}}{CMI_{it}}\right)$表示第$i$个区域建筑业减污降碳效率在$t$+1期的增长率。$\beta$为收敛系数，$\beta < 0$

说明地区建筑业减污降碳效率具有收敛趋势，反之则存在发散趋势，收敛速度为$v = -\ln(1 - |\beta|)/T$。μ_i，η_t，ε_{it}分别表示地区效应、时间效应和随机扰动项。

考虑到建筑业减污降碳效率具有明显的空间相关特征，在此引入空间面板模型开展研究。常见的空间计量模型包括空间滞后模型（SAR）、空间误差模型（SEM）、空间杜宾模型（SDM）等。SDM可以看作SAR和SEM的一般形式，空间绝对β收敛模型如下：

$$SAR: \ln\left(\frac{CMI_{i,\ t+1}}{CMI_{it}}\right) = \alpha + \beta\ln(CMI_{it}) + \rho\sum_{j=1}^{n}\omega_{ij}\ln\left(\frac{CMI_{i,\ t+1}}{CMI_{it}}\right) + \mu_i + \eta_t + \varepsilon_{it} \tag{4-21}$$

$$SEM: \ln\left(\frac{CMI_{i,\ t+1}}{CMI_{it}}\right) = \alpha + \beta\ln(CMI_{it}) + \mu_i + \eta_t + \mu_{it} \tag{4-22}$$

$$\mu_{it} = \lambda\sum_{j=1}^{n}\omega_{ij}\mu_{it} + \varepsilon_{it} \tag{4-23}$$

$$SDM: \ln\left(\frac{CMI_{i,\ t+1}}{CMI_{it}}\right) = \alpha + \beta\ln(CMI_{it}) + \rho\sum_{j=1}^{n}\omega_{ij}\ln\left(\frac{CMI_{i,\ t+1}}{CMI_{it}}\right) + \gamma\sum_{j=1}^{n}\omega_{ij}\ln(CMI_{it}) + \mu_i + \eta_t + \varepsilon_{it} \tag{4-24}$$

式中，ρ为空间滞后系数，表示邻近区域建筑业减污降碳效率增长率对本地区的影响，λ为空间误差系数，表示随机扰动项中存在的空间效应；γ为自变量空间滞后系数，表示邻近区域建筑业减污降碳效率的影响。

对于普遍面板模型和三类空间模型的选择，一般遵循如下规则：首先建立一般面板回归模型，并使用LM统计量检验空间自相关性，如存在空间自相关性，则SAR和SEM至少一个成立。其次建立SDM，并通过Wald统计量和LR统计量判断是否能够简化为SAR和SEM。ω_{ij}为空间权重，可以使用地理距离、经济社会距离等方式进行设定。

为了避免经济社会距离对模型产生内生性干扰，在此采用地理距离平方的倒数设定空间权重矩阵，即随着地理距离增加，区域间建筑业减污降碳效率的关联性逐步缩小。权重设定如下：

$$\omega_{ij} = \begin{cases} 1/d_{ij}^2 (i \neq j) \\ 0 (i = j) \end{cases} \tag{4-25}$$

条件β收敛模型在绝对β收敛模型的基础上添加了一系列控制变量，讨论在一系列对碳排放效率具有重要影响因素的条件下，地区建筑业减污降碳效率是否具有收敛趋势。对应于绝对β收敛模型，条件β收敛模型如下：

$$\ln\left(\frac{CMI_{i,\ t+1}}{CMI_{it}}\right) = \alpha + \beta\ln\left(CMI_{it}\right) + \delta X_{i,\ t+1} + \mu_i + \eta_t + \varepsilon_{it} \tag{4-26}$$

$$SAR:\ \ln\left(\frac{CMI_{i,\ t+1}}{CMI_{it}}\right) = \alpha + \beta\ln\left(CMI_{it}\right) + \rho\sum_{j=1}^{n}\omega_{ij}\ln\left(\frac{CMI_{i,\ t+1}}{CMI_{it}}\right) + \delta X_{i,\ t+1} + \mu_i + \eta_t + \varepsilon_{it} \tag{4-27}$$

$$SEM:\ \ln\left(\frac{CMI_{i,\ t+1}}{CMI_{it}}\right) = \alpha + \beta\ln\left(CMI_{it}\right) + \delta X_{i,\ t+1} + \mu_i + \eta_t + \mu_{it} \tag{4-28}$$

$$\mu_{it} = \lambda\sum_{j=1}^{n}\omega_{ij}\mu_{it} + \varepsilon_{it} \tag{4-29}$$

$$SDM:\ \ln\left(\frac{CMI_{i,\ t+1}}{CMI_{it}}\right) = \alpha + \beta\ln\left(CMI_{it}\right) + \rho\sum_{j=1}^{n}\omega_{ij}\ln\left(\frac{CMI_{i,\ t+1}}{CMI_{it}}\right) + \gamma\sum_{j=1}^{n}\omega_{ij}\ln\left(CMI_{it}\right) + \delta X_{i,\ t+1} + \mu_i + \eta_t + \varepsilon_{it} \tag{4-30}$$

式中，$X_{i,\ t+1}$是影响区域建筑业减污降碳效率的一系列控制变量，δ为参数向量。在此使用居民消费水平占比、建筑业从业人数、城镇化水平与技术进步作为控制变量。数据来源于历年《中国城市统计年鉴》，个别缺失数据采用移动平均法、趋势预测法进行插补。

4.6.2　σ收敛

表4-10和图4-5给出了全国及四大地区建筑业减污降碳效率的σ

收敛结果。

表4-10　2010—2020年全国及四大地区建筑业减污降碳效率σ收敛

年份	全国	东部地区	中部地区	西部地区	东北地区
2010	0.29636	0.38024	0.20699	0.25007	0.17676
2011	0.34194	0.23793	0.41668	0.32229	0.15264
2012	0.29460	0.35813	0.17174	0.27785	0.28459
2013	0.23365	0.19994	0.13378	0.25983	0.36300
2014	0.21700	0.20562	0.23197	0.22382	0.25692
2015	0.24850	0.23862	0.07606	0.27770	0.18911
2016	0.27914	0.29873	0.08245	0.25949	0.24440
2017	0.23353	0.22759	0.08142	0.22455	0.33581
2018	0.25416	0.28615	0.11992	0.23638	0.01037
2019	0.27648	0.26960	0.20879	0.26788	0.19555
2020	0.27405	0.25195	0.21561	0.33391	0.29571

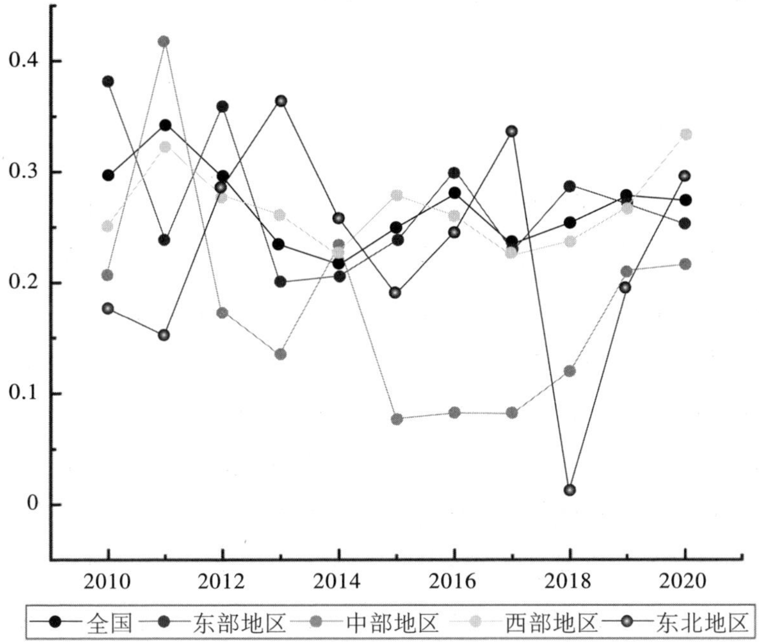

图4-5　2010—2020年全国及四大地区建筑业减污降碳效率σ收敛图示

全国范围内建筑业减污降碳效率变异系数整体上呈先增后减趋势，于2011年达到峰值0.34194，2011年后波动降低至2020年的0.27405，存在σ收敛特征。东部地区建筑业减污降碳效率变异系数整体上呈波动递减趋势，由2010年的最高值0.38024降低至2020年的0.25195，存在σ收敛特征。中部地区建筑业减污降碳效率变异系数整体上呈先增后减再增趋势，于2011年达到峰值0.41668后逐渐降低至2015年的0.07606，后逐渐增长至2020年的0.21561。由于中部地区变异系数在样本期间内的终值大于初值，故不存在σ收敛特征。

西部地区与东北地区的建筑业减污降碳效率变异系数整体上与中部地区趋势相同，呈先增后减再增趋势。两者的变异系数在样本期间内的终值均大于初值，故均不存在σ收敛特征。总体来看，除全国与东部地区外，其他三大区域均不存在σ收敛特征。

4.6.3 绝对β收敛

表4-11给出了全国及四大地区建筑业减污降碳效率的绝对β收敛检验结果。由于不同地区建筑业减污降碳效率可能存在不同模式的空间效应，因此本书首先采用LM检验确定全国及四大地区建筑业减污降碳效率绝对β收敛是否存在空间自相关效应，再采用Wald检验和LR检验选择最优的空间模型。结果表明：除东北地区外，全国及其他三大地区均存在绝对β收敛且均在1%的水平下显著为负。表明在不考虑一系列环境因素对建筑业减污降碳效率的影响时，长期来看除东北地区外，建筑业减污降碳效率会收敛向各自的稳态水平。全国及东部、中部、西部地区建筑业减污降碳效率的收敛速度有所不同，全国收敛速度为0.0610229，高于四大地区的收敛速度。

表4-11　2010—2020年全国及四大地区建筑业减污降碳效率绝对β收敛

地区	全国	东部地区	中部地区	西部地区	东北地区
模型类型	*SDM*	*SAR*	*SDM*	*SDM*	*SDM*
β	-0.423^{***} (−8.60)	-0.398^{***} (−5.18)	-0.360^{***} (−3.11)	-0.325^{***} (−3.47)	−0.173 (−0.91)
Spatial rho	0.007 (0.09)	−0.174 (−1.47)	0.311^{***} (3.41)	−0.245 (−1.07)	0.272 (1.49)
ν	0.0610229	0.0564521	0.04955811	0.04364539	0.02116414
时间效应	YES	YES	NO	YES	YES
个体效应	YES	YES	YES	YES	YES
R^2	0.044	0.068	0.059	0.002	0.178

注：括号中的数值为标准差，*、**、***分别表示在10%、5%、1%的水平下显著。

全国及四大地区中，仅有中部地区表现出空间溢出效应，中部地区的Spatial rho值在1%的水平下显著为正，表明中部地区建筑业减污降碳效率对周边地区存在正向的空间溢出效应。在投入方面，中部地区对于建筑业减污降碳发展要求更高，高质量发展理念催生了先进的建筑业减污降碳治理经验和生产技术，较为开放的市场环境促进了建筑业生产要素在更大区域内畅通流动，资源在生产部门的高效配置使得建筑业减污降碳效率得到提升。在产出方面，中部地区城市产业结构更为多元化，在“中部崛起”等战略牵引下，区域技术创新和低碳、绿色经济快速发展，区域创新潜能扩大了区域减污降碳空间，创新要素和生产要素投入在一定程度上表现出边际产出递增的特征，从而对建筑业减污降碳效率的提升具有更大作用（徐英启等，2023）。然而，上述关于全国及四大地区的绝对β收敛分析，假定了各地区的城镇化水平、建筑业从业人员占比、居民消费水平与技术进步相似，事实并非如此，因此需要开展条件β收敛做进一步研究。

4.6.4 条件β收敛

表4-12给出了全国及四大地区的建筑业减污降碳效率的条件β收敛检验结果。不同空间计量模型的选择过程同绝对β收敛分析，在此不再赘述。

表4-12 2010—2020年全国及四大地区建筑业减污降碳效率条件β收敛

地区	全国	东部地区	中部地区	西部地区	东北地区
模型类型	*SDM*	*SDM*	*SDM*	*SDM*	*SDM*
β	−0.222***	−0.637***	−0.398***	−0.260**	−0.475
	(−3.27)	(−7.98)	(−3.53)	(−2.55)	(−1.45)
Spatial rho	0.270***	−0.529*	0.089	0.497***	0.210
	(3.95)	(−1.86)	(0.59)	(4.76)	(1.04)
居民消费水平	0.000	0.000	0.000	−0.000	−0.000
	(1.30)	(1.43)	(1.50)	(−0.66)	(−1.46)
建筑业从业人员占比	0.530	3.711***	5.135*	4.415**	19.956
	(1.10)	(3.57)	(1.80)	(1.96)	(1.40)
城镇化水平	−0.178	−1.369	−0.118	−0.083	−18.465
	(−0.90)	(−1.33)	(−0.10)	(−0.11)	(−1.41)
技术进步	0.123	0.852*	0.250	−0.847	0.647
	(0.68)	(1.74)	(0.22)	(−1.17)	(0.24)
ν	0.0279129	0.1125005	0.0563467	0.03343567	0.07170079
时间效应	YES	YES	YES	YES	YES
个体效应	YES	YES	YES	YES	YES
R^2	0.137	0.021	0.356	0.137	0.563

注：括号中的数值为标准差，*、**、***分别表示在10%、5%、1%的水平下显著。

结果表明，全国、东部与中部地区均存在绝对β收敛且均在1%的水平下显著为负，西部地区在5%的水平下显著为负。这表明在考虑了各地区的城镇化水平、建筑业从业人员占比、居民消费水平与技术进步后，长期来看除东北地区外，建筑业减污降碳效率会收敛向各自的稳态水平这一趋势仍然存在（余壮雄等，2020）。技术的外溢作用有助于建筑业减污降碳效率较低的区域逐渐向区域的稳态水平演进，低碳技术创新能够促进建筑业减污降碳效率向高值收敛。与绝对β收敛相比，东北地区条件β收敛的速度大幅度加快，东部地区的条件β收敛的速度大幅度下降，全国层面的条件β收敛速度较大幅度下降，体现出控制变量的必要性。与绝对β收敛分析相比，条件β收敛下全国及四大地区的空间溢出效应情况发生了变化。由此可知，建筑业减污降碳效率的影响具有明显的空间异质性，需要建立长效机制，协同推进转型、降碳和增效，推动建筑业走上高效率、低能耗的绿色生态发展之路，采取低耗、高效的生产方式来提高建筑业减污降碳效率。

东部地区的空间相关形式由SAR转变为SDM，其Spatial rho值由不显著转变为在10%的水平下显著为负。全国与西部地区的Spatial rho值则由不显著转变为在1%的水平下显著为正。中部地区的Spatial rho值则由1%的水平下显著为正转变为不显著。这表明在加入控制变量后，东部地区对周边地区的建筑业减污降碳效率存在负向空间溢出效应，西部地区则与之相反，而中部地区对周边地区的正向空间溢出效应不再存在。

4.7 本章小结

本章运用泰尔指数、Dagum基尼系数、标准差椭圆分析方法、核密度估计法和收敛模型对2010—2020年间我国建筑业减污降碳效率的时空演化特征进行探究。研究表明，总体泰尔指数在研究期内呈波动下降趋势。在发展过程中，总体泰尔指数从2010年开始下降，2015年有所上升，随后一直下降，在2019年降到了最低值0.246。区域内泰尔指数变化趋势与总体泰尔指数一致，区域间泰尔指数在2011年上升到最大值0.075，此后一直变化不大，趋于平缓。区域内差异对总体泰尔指数的贡献率、区域间差异对总体泰尔指数的贡献率几乎呈水平发展，没有大的变化幅度。

中国建筑业减污降碳效率总体基尼系数较低，各地区组间差异程度从波动严重到逐年减弱，组间超变密度差异是我国建筑业减污降碳效率差异的主要来源且在逐年递增，区域间差异和区域内差异的交互影响作用存在增强趋势；从空间分布方向来看，中国建筑业减污降碳效率整体呈现出“东北-西南”的分布格局。2010—2020年建筑业减污降碳效率方位角出现小幅度顺时针旋转，逐渐接近“东北-西南”方向分布。从全国层面看，各省份建筑业减污降碳效率趋于同一水平。建筑业的发展加强了省际建筑业减污降碳效率的空间联系，使全国的空间关联愈发明显，空间集聚性逐渐增强。

我国四大地区之间建筑业减污降碳效率的绝对差异正在缩小，各地区内建筑业减污降碳效率多极化现象趋于弱化，地区内差异化程度逐渐降低。除东北地区外，全国及其他三大地区均存在绝对β收敛与条件β收敛。

5

建筑业减污降碳效率空间关联结构

建筑业减污降碳效率是考虑了碳排放和建筑废弃物排放约束条件下的建筑业环境治理效率，旨在降低建筑业发展过程中的碳排放和建筑废弃物排放，实现可持续发展和“双碳”目标，以及经济发展与环境保护的双赢。随着区域经济一体化发展，各省份建筑业经济发展与生态环境之间仍存在明显不平衡，不同地区呈现出空间异质性。建筑业减污降碳效率突破了传统线性模式，呈现出复杂的网络结构特征。从社会网络空间视角分析建筑业各区域减污降碳效率的空间关联性，不仅能够解释区域间在经济与环境方面的相互影响与依存关系，精准描绘建筑业减污降碳效率空间关联动态演进特征，明晰各区域在建筑业减污降碳效率空间关联网络中的角色与作用，揭示建筑业减污降碳效率空间关联具体影响因素，而且为实现全国高质量协同发展提供有力支持，对推动区域建筑业减污降碳、协同增效至关重要。鉴于此，本书将社会网络分析理论应用于建筑业减污降碳效率空间关联研究，对中国建筑业减污降碳效率空间关联网络结构演变、个体网络特征变化及网络结构的影响因子展开深入探究，对空间网络结构特征及演进趋势进行分析，重点探索了各省在网络中的角色和空间属性，不但为建筑业减污降碳研究提供了新的研究视角，而且为社会主义生态文明建设提供了参考。

5.1 建筑业减污降碳效率空间关联网络

5.1.1 空间关联网络构建

社会网络分析法是用以测定个人在群体与组织中被接受的程度、发现群体内人与人之间的现存关系，并揭示组织本身的结构特性的工具。其最基本的数学表达形式是图论法和矩阵法，能够突破“属性数据”分析的局限，并针对“关系数据”的网络特征展开有效分析，是研究关系数据网络结构特征的有效手段。社会网络理论着眼于关系要素和结构要素，强弱联结、社会资本、结构洞是其三大核心理论。社会网络研究范式是以数学模型、图论等为基础，对网络中的各节点间、节点与整体网络间及不同网络系统间的关系展开多元探讨。网络中的节点即行动者，从单个个体到国家都可以作为网络中的节点，其研究范围涉及从微观到宏观的各个层次。社会网络分析法最大的优势就在于可以对关系数据进行量化分析，并对网络的结构进行探索，进而解释某些社会现象。社会网络理论研究的对象不受空间是否相邻的影响，而是以网络中各节点间的关系作为分析的基础，是对网络关系的科学量化研究。在中国建筑业减污降碳效率空间网络结构中，各省建筑业减污降碳效率是网络中的“点”，各省之间在建筑业减污降碳效率上的空间关联是网络中的“线”，这些点和线便构成了中国建筑业减污降碳效率的空间关联网络结构，网络中相互关系的强弱反映了空间网络关联的强度。本书通过测度中国建筑业减污降碳效率关联网络的网络密度、网络等级度、网络关联度、网络效率等指标刻画整体网络特征，通过测度各省的度数中心度、中介中心度、接近中心度来刻画个体网络结构特征。通过“核心-边缘”结构分析，能够为中国建筑业减污降碳效率空间关联性研究提供全新视角。

5.1.2 空间关联关系构建

由于区域发展水平、建筑业规模、技术创新水平等多重作用，中国建筑业减污降碳效率呈现出显著的空间非均衡特征；此外，随着区域协作、省际建筑业减污降碳协同合作等向纵深发展，建筑业减污降碳效率空间关联格局日渐复杂化。因此，精准描绘建筑业减污降碳效率空间关联动态演进特征，明晰各区域在建筑业减污降碳效率空间关联网络中的角色与作用，揭示建筑业减污降碳效率空间关联具体影响因素，对推动区域协同减量化管理、实现建筑业绿色发展至关重要。目前，在社会网络空间中，点和点关联关系的确定方法有 VAR 模型和引力模型两种方法。其中，VAR 模型对数据时滞的选择要求较为严格，对网络结构动态刻画的精确性偏低；而引力模型作为描述区域关联的经典模型，可将经济、地理、人口等因素纳入指标体系，进而精确描绘网络系统结构及其内部关系演化特征。

在交通出行、社会交往、商品贸易、人口迁移、信息流通、科研合作等大量人、物、信息的空间流动现象中，都存在类似万有引力定律的规律，即两地之间的某种流动量与两地活力的乘积成正比、与两地距离的幂成反比。类比万有引力定律建立的引力模型在许多方面都得到了广泛的应用。在经济学中，引力模型被用来预测国家间的商品贸易量；在人口学中，引力模型被用来预测地区间的人口迁移量；在交通科学中，引力模型被用来预测某地点的交通出行量。已有研究表明，建筑业减污降碳效率与区域经济发展、单位人口等因素密切相关。本书利用改进的引力模型确定我国各省建筑业减污降碳效率的空间关联关系，通过对整体网络特征指标的分析，明确建筑业减污降碳效率空间关联结构特征，为政府把握建筑业减污降碳效率整体情况起到科学参考作用。同时，对建筑业减污降碳效率的空间关联网络进行块模型空间聚类分析，进一步明晰各省在关联网络中的地位与作用。

引力模型可以用来描述区域间的经济联系，计算公式如下：

$$y_{ij} = k \cdot \frac{\sqrt{P_i G_i}\sqrt{P_j G_j}}{D_{ij}^2} \tag{5-1}$$

式中，y_{ij}代表i和j两省之间的经济关联强度；P_i和P_j代表i和j两省年末人口数量；G_i和G_j分别代表i省和j省当年的实际 GDP 总值；

D_{ij}代表i和j两省之间的距离；k是通过具体问题来确定的系数。

传统的引力模型测算的空间关联，不考虑其方向性，地区间的引力强度是一致的，因此忽视了由于交互作用和禀赋差异而具有的双向性和非对称性问题。为突出建筑业减污降碳效率空间关联网络的有向性，更好地刻画和描述中国省域建筑业减污降碳效率之间的引力影响，参考已有的相关研究，本书对公式（5-1）进行扩展，引入建筑业减污降碳效率值，得到建筑业减污降碳效率空间引力模型，修正之后的计算公式如下：

$$y_{ij}^{*} = k_{ij} \cdot \frac{\sqrt[3]{P_i L_i G_i}\sqrt[3]{P_j L_j G_j}}{\left[D_{ij}/(g_i - g_j)\right]^2}$$

$$k_{ij} = \frac{L_i}{L_j} \tag{5-2}$$

式中，L_i和L_j分别表示i省和j省当年的建筑业减污降碳效率；g_i和g_j分别代表i省和j省当年的人均GDP，其差值$(g_i - g_j)$是用来刻画两省之间的经济差距的变量；K_{ij}是由两省的建筑业减污降碳效率确定的占比系数；y_{ij}^{*}可表示i省的建筑业减污降碳效率受j省的影响程度。通过公式（5-2）可计算出中国省域建筑业减污降碳效率空间关联关系矩阵。本书将建筑业减污降碳效率加入引力模型矩阵中，计算每一行的平均值，并以该值为临界值。当矩阵中的单元格数值大于或等于其所在行的平均值时，将该单元格记为1，表示该单元格列所在的省域对行所在的省域的建筑业减污降碳效率有很大影响。若单元格值小于行平均值，则将该单元格记为0，表示该单元格列所在的省域对行所在的省域建筑业减污降碳效率影响程度很小，不存在关联关系。在此基础上，形成的0-1矩阵为建筑业减污降碳效率的空间关联关系矩阵。

5.2 建筑业减污降碳效率空间关联网络分析框架

通过社会网络分析法对建筑业减污降碳效率空间关联网络的整体特征、个体特征以及块模型进行分析（Bai，2022）。其中，建筑业减污降碳效率空间关联网络整体特征分析包括网络关联度、关系数、密度及效率等指标；建筑业减污降碳效率空间关联网络个体特征分析包括度数中心度、中介中心度和接近中心度等指标，以及“核心-边缘”结构分析；采用CONCOR迭代相关收敛法进行块模型分析，对建筑业减污降碳效率的关联网络进行板块划分，以更好地揭示建筑业减污降碳效率空间关联网络板块内部以及板块之间的相互关系（如图5-1所示）。接下来，采用QAP方法对建筑业减污降碳效率空间关联网络影响因素进行分析，QAP方法可避免因多重共线性造成的误差问题（王凯等，2022）。

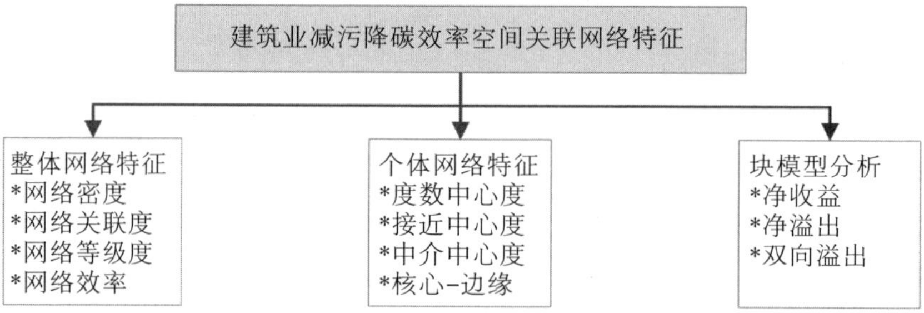

图5-1 中国建筑业减污降碳效率空间网络结构分析框架

5.2.1 整体网络特征分析

采用网络密度、网络关联度、网络等级度、网络效率等来刻画建筑业减污降碳效率的整体网络特征（刘佳和宋秋月，2018）。网络密度表示网络中各节点空间关联的紧密性，可以用实际存在的关系总数与理论上最多可能存在的关系总数之比来计算。整体网络密度表示关联网络中省份之间影响的紧密程度，该数值越大，表示省份之间建筑业减污降碳效率的联系越紧密，省份整体之间的相互影响也越大。网络关联度反映网络自身的稳健性和脆弱性。在空间关联网络中，如果任意两个省份之间的连接路径四通八达，那么该网络的关联性就较强，如果网络中较多的连线都与一个省份相连，那么网络对该省份的依赖性就会很高，一旦排除该省份，网络就可能崩溃。网络等级度用于衡量关联网络中省份之间关系的非对称可达程度，网络等级度较高则表明网络中省份之间的等级结构不平等，同时有少数省份在网络中处于支配地位，应当对此加强平衡。网络效率用于度量网络中各省之间的联系效率，与连线数量相关，网络效率值越低表示省份之间的关联线路越多，同时表明省份之间的关系越复杂。

5.2.2 个体网络特征分析

建筑业减污降碳效率空间关联网络中个体网络结构特征选用度数中心度、中介中心度和接近中心度指标进行分析。点的度数中心度表示在关联网络中与该点直接相连接的其他点的个数，该数值越大表示这个点在网络中的地位越重要。中介中心度以点位于其他点的“中间”的程度来测量，即点在网络中的中介作用，该数值越大，则该点越能够连接其他点，对其他点之间的关联关系产生一定的作用。点的接近中心度表示该点不被其他点影响的程度，一般使用点之间的最短距离来测量，接近中心度高的点可以更快地访问网络中的其他点，能够在网络中处于核心地位。

5.2.3 网络块分析

为研究各省份在整体网络中所处的发出地位和接受地位，并将类似性质的省份归为一类，本书采用CONCOR方法，对建筑业减污降碳效率的空间关联网络进行空间聚类分析。通过重复计算矩阵中行列之间的相关系数，再将相关系数收敛成由1和-1组成的矩阵，进而将相关系数相同的省份划归一个块。根据Burt对块矩阵中块的位置的划分，结合块内部的联系紧密程度和其拥有的发出关系和接受关系，社会网络中行动者主要分为主受益、双向溢出、经纪人和净溢出四类角色。Wasserman等提出了考察位置内部关系的指标：假设网络中共有g个节点，其中某板块Z_k包括g_k个节点，则Z_k板块中所有成员在整个网络中最大可能关系数为$g_k\times(g-1)$个，在Z_k板块内部最大可能关系数为$g_k\times(g_k-1)$个；在理性状态下板块Z_k的期望内部关系比例为$[g_k\times(g_k-1)]/[g_k\times(g-1)]=(g_k-1)/(g-1)$，以此作为判断板块位置的指标，其具体评价方法见5-1。

表5-1 **块模型类型划分**

板块内部关系比例	板块接受关系比例	
	≈0	>0
大于等于$(g_k-1)/(g-1)$	双向溢出板块	主受益板块
小于等于$(g_k-1)/(g-1)$	净溢出板块	经纪人板块

5.3 建筑业减污降碳效率空间关联网络特征分析

使用公式（5-2）计算中国建筑业减污降碳效率空间引力模型，并得到中国建筑业减污降碳效率空间关系矩阵，利用社会网络分析法对中国建筑业减污降碳效率的空间网络特征进行分析。图5-2为绘制的2020年中国省域建筑业减污降碳效率的空间关联网络图，从中可以看出我国省域建筑业减污降碳效率空间关联呈现出典型的“中心-

边缘”网络结构形态，所有省份不可缺少，空间严密。中国建筑业减污降碳效率空间网络结构加剧了省域建筑业减污降碳效率的相互影响。各省份之间的联系日益紧密，建筑业减污降碳协同效应也得到进一步提升。

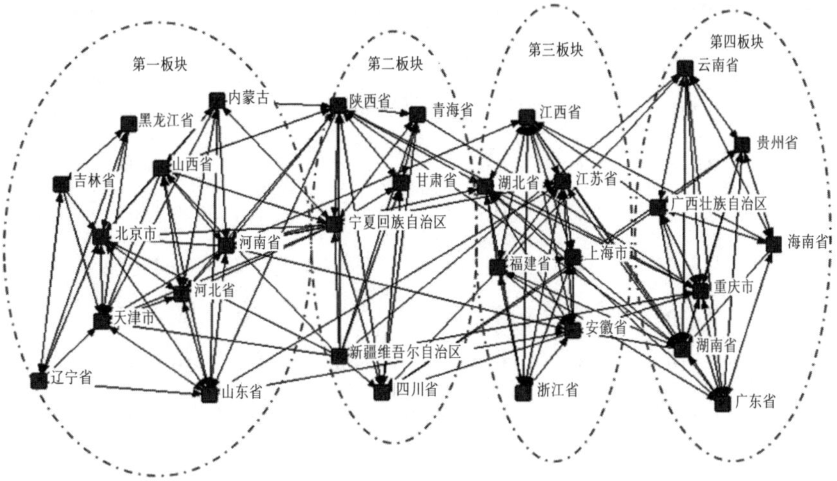

图5-2　2020年中国省域建筑业减污降碳效率的空间网络

网络图5-2中呈现出相互交织、多流向的复杂结构。建筑业减污降碳效率网络结构形态稳定且不存在孤立省份。从空间关联网络图中可以看出，位于中国西部地区的一些省份，主要受制于产业结构相对落后、技术和资金支持相对不足、地理环境限制以及经济发展相对滞后等因素影响，因此，要想提高建筑业减污降碳政策的联动效果，不能仅考虑单个区域，还需要维持整个建筑业减污降碳效率网络的资源合理配置，才能提高建筑业减污降碳区域联动性。

5.3.1　整体网络分析

2010—2020年，中国建筑业减污降碳效率空间关联网络特征分析见表5-2。

表 5-2　　　**建筑业减污降碳效率整体网络特征分析**

时间	密度	网络关联分析		网络聚集系数	平均路径长度	网络等级	关联关系数
		关联度	效率				
2010	0.2161	1	0.7833	0.566	2.418	0.2407	188
2011	0.2103	1	0.7882	0.569	2.464	0.2407	183
2012	0.2172	1	0.7783	0.570	2.401	0.2407	189
2013	0.2115	1	0.7833	0.569	2.492	0.2407	184
2014	0.2195	1	0.7734	0.568	2.436	0.2407	191
2015	0.2218	1	0.7635	0.561	2.464	0.2407	193
2016	0.2184	1	0.7685	0.571	2.507	0.2407	190
2017	0.2161	1	0.7734	0.571	2.501	0.2407	188
2018	0.2195	1	0.7660	0.566	2.430	0.2407	191
2019	0.2253	1	0.7660	0.564	2.370	0.2407	196
2020	0.2276	1	0.7586	0.564	2.404	0.2407	198

2010—2020年建筑业减污降碳效率网络密度处于较低水平，2011年最低为0.21，2020年最高为0.23。网络关联关系数呈缓慢上升趋势，建筑业减污降碳效率网络中关联关系较少，2020年仅有198个，网络结构仍处于松散状态。总体来看，中国建筑业减污降碳、协同增效发展的趋势逐渐增强，但省域建筑业减污降碳效率空间关联网络状态尚未达到最佳，仍然存在较大的提升空间。对于中国建筑业而言，需要加强建筑业减污降碳工作的跨区域合作与交流，不能单独考虑某个省份区域，必须维持各省之间建筑废弃物资源化利用产业资源要素的空间优化配置，这样才能提高建筑业减污降碳区域协同治理的联动性。2000—2020年建筑业减污降碳效率网络关联度均为1，居于较高的水平，表明不存在脱离网络而孤立的区域，存在空间溢出效应。2000—2020年建筑业减污降碳效率网络等级度维持在0.2407。建筑业减污降碳效率空间网络存

在“核心–边缘”关联结构。建筑业减污降碳效率网络的网络效率由2010年的0.7833下降至2020年的0.7586，整体呈现下降趋势，反映出建筑业减污降碳效率网络中区域之间的连线增加，表明各省份之间建筑业减污降碳效率的联系更加密切，省域建筑业减污降碳效率空间关联网络的溢出效应逐渐增强。同时，建筑业减污降碳效率网络中有一定数量的冗余渠道，网络的整体稳定性有待进一步提高，这说明建筑业减污降碳效率空间关联网络虽然对核心区域的依赖性较高但其关联稳定性在逐渐增强。建筑信息模型等现代科技手段持续推进建筑业信息化，使省域建筑业节能减排相关信息流通更加顺畅，促进了不同省份间建筑业减污降碳协同治理，建筑业生产要素在省域间的流动成本显著降低，从而增强了省域建筑业减污降碳效率空间的网络关联性。2010—2020年，建筑业减污降碳效率空间关联网络聚集系数在0.56上下波动，信息在网络节点之间传递效率不高，这是由于随着建筑业减污降碳效率空间关联网络中关联关系的增加，不同省域技术和政策因素具有差异，影响了网络的信息传递效率，因此，应更加关注在网络中处于较弱地位的省份，采取措施减少这些省份被其他省份影响的程度，并在多方面促进这些省份的发展（李俊明等，2023）。

综上，我国建筑业减污降碳效率空间关联网络具有以下特征：随着我国建筑业的发展、新型城镇化进程的推进、城市人口规模的扩大，以及技术的进步等，建筑业减污降碳效率空间关联结构关系增多，溢出效应辐射面更加广泛；各省域建筑业减污降碳效率空间关联程度逐年上升，溢出效应日益显著；地区间建筑业减污降碳效率关联关系数逐渐增多，这些进一步提升了网络结构的稳定性。

5.3.2 个体网络分析

建筑业减污降碳效率空间关联个体网络特征主要包括度数中心度（点

出度和点入度)、中介中心度、接近中心度等指标特征。本书选取2010年、2015年和2020年3年的数据，计算建筑业减污降碳效率空间关联个体网络度数中心度、中介中心度和接近中心度，并据此绘制2010—2020年建筑业减污降碳效率空间关联个体网络特征，如图5-3所示。

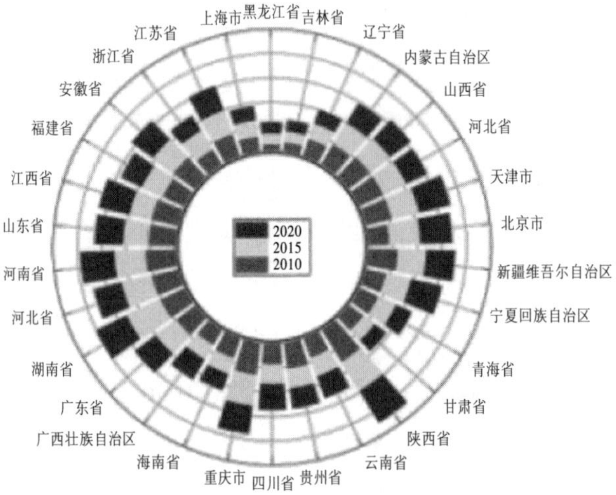

（a）度数中心度

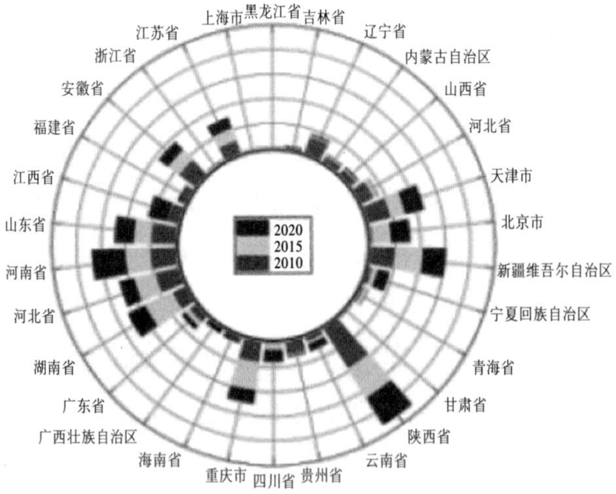

（b）中介中心度

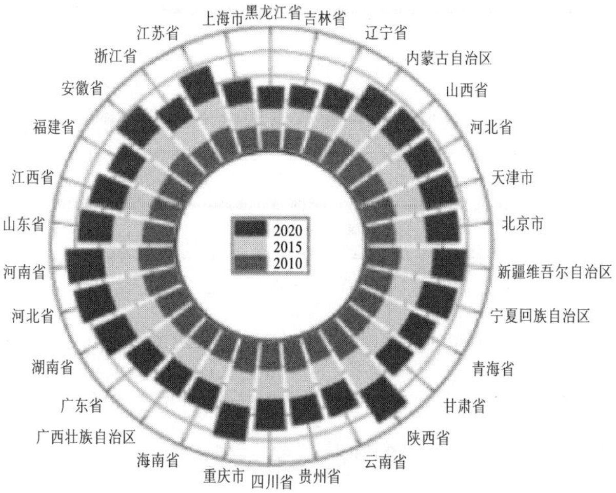

（c）接近中心度

图5-3　2010—2020年建筑业减污降碳效率空间关联个体网络特征

2010—2020年，中国省域建筑业减污降碳效率空间关联网络度数中心度均值总体呈上升态势，2010年为26.896，2015年为28.733，2020年为29.195，表明各省份在建筑业减污降碳效率空间关联网络中空间关联关系增多。2010—2020年，中国省域建筑业减污降碳效率空间关联网络接近中心度均值总体呈上升态势，2010年为46.511，2015年为48.114，2020年为49.254，表明各省份在建筑业减污降碳效率空间关联网络中与其他省份间的差距总体缩短，可以更加迅速地与其他省份建立关联关系。在研究期内，陕西省的接近中心度始终高于均值，位于第一位。表明陕西省作为网络中的中心行动者具有引领作用，也易从其他省份获取资源，使建筑业减污降碳效率空间关联网络逐渐呈现出“中心-边缘”结构。2010—2020年，中国省域建筑业减污降碳效率空间关联网络接近中心度均值总体呈下降态势，2010年为4.261，2015年为3.982，2020年为3.818。表明建筑业减污降碳效率空间关联网络中心节点的主导作用下降，对资源要素流动的控制作用减弱，网络结构朝着更加均衡化的方向发展。2020年建筑业减污降碳效率的个体网络结构特征见表5-3。

表5-3　2020年建筑业减污降碳效率的个体网络结构特征

省	点出度	点入度	度数中心度	排名	接近中心度	排名	中介中心度	排名
北京	3.000	11.000	11.000	4	52.727	9	7.682	6
天津	3.000	11.000	11.000	4	52.727	9	7.682	6
河北	6.000	8.000	8.000	17	50.000	16	0.234	23
山西	8.000	7.000	9.000	12	51.786	14	0.648	20
内蒙古	8.000	3.000	8.000	17	50.000	16	0.234	23
辽宁	5.000	2.000	5.000	26	40.287	27	0.662	19
吉林	4.000	2.000	4.000	29	36.250	29	0.000	27
黑龙江	4.000	2.000	4.000	29	36.250	29	0.000	27
上海	5.000	5.000	5.000	26	38.667	28	0.000	27
江苏	6.000	9.000	9.000	12	52.727	9	4.518	13
浙江	5.000	6.000	6.000	23	42.029	26	0.127	26
安徽	5.000	9.000	9.000	12	52.727	9	4.518	13
福建	8.000	5.000	8.000	17	44.615	22	0.960	18
江西	8.000	11.000	11.000	4	54.717	6	7.624	8
山东	7.000	9.000	10.000	8	54.717	6	7.802	4
河南	10.000	7.000	12.000	2	60.417	1	13.647	1
湖北	6.000	9.000	10.000	8	56.863	3	6.026	9
湖南	8.000	10.000	12.000	2	54.717	6	7.707	5
广东	8.000	7.000	9.000	12	46.032	20	1.718	16

续表

省	点出度	点入度	度数中心度	排名	接近中心度	排名	中介中心度	排名
广西	8.000	5.000	8.000	17	46.774	19	1.691	17
海南	6.000	4.000	6.000	23	43.284	25	0.282	22
重庆	7.000	9.000	10.000	8	55.769	4	5.353	10
四川	6.000	9.000	9.000	12	50.877	15	4.690	12
贵州	7.000	7.000	7.000	22	43.939	24	0.513	21
云南	7.000	6.000	8.000	17	49.153	18	3.059	15
陕西	11.000	9.000	13.000	1	60.417	1	12.915	2
甘肃	4.000	5.000	5.000	26	44.615	22	0.000	27
青海	5.000	5.000	6.000	23	46.032	20	0.168	25
宁夏	10.000	6.000	11.000	4	55.769	4	4.847	11
新疆	10.000	0.000	10.000	8	52.727	9	9.222	3

从表5-3中可以看出，2020年中国省域建筑业减污降碳效率空间关联网络度数中心度的均值为8.4667。其中，度数中心度排名位居前七位的省份依次为陕西省、湖南省、河南省、北京市、天津市、江西省和宁夏回族自治区。这些省份建筑业减污降碳效率与其他省份的联系较为密切，处于建筑业减污降碳效率网络的主导地位。可以看出，建筑业减污降碳效率空间关联网络度数中心度的大小与地理位置、建筑业发展水平、建筑业低碳技术水平、建筑业降废技术水平等存在一定联系，度数中心度越大，越能产生“虹吸效应”和“技术溢出效应”，也更容易与其他省份产生较多空间关联，从而对其他省份减污降碳效率产生较大影响。而吉林、黑龙江、甘肃、辽宁和上海的度数中心度排名位居全国建筑业减污降碳效率空间关联网络的最后五位，

这些省份的建筑业减污降碳效率与其他省份的关联相对较少。点入度始终大于点出度的区域有北京、天津、河北、江苏、浙江、安徽、江西、山东、湖北、湖南、重庆以及四川等12个省份，它们是空间关联网络中的受益主体，易受其他省份建筑业减污降碳效率的影响。这些区域在发展过程中，建筑业减污降碳协同治理水平较高，区域经济发展势头良好，能有效吸引人才、技术和资金等资源要素，并进行有效转化，促进建筑业减污降碳效率水平的提升，呈现出显著的空间极化现象。山西、内蒙古、黑龙江、吉林、辽宁、河南、陕西、广东、广西、福建、海南、云南、宁夏和新疆等区域的点出度明显大于点入度，是空间关联网络中的溢出主体，表明这些省份的建筑业减污降碳效率对其他省份的溢出效应较强，而受益相对较少。

2020年中国建筑业减污降碳效率空间关联网络接近中心度的平均值为49.254。北京、天津、河北、山西、内蒙古、江苏、安徽、江西、山东、河南、湖北、湖南、重庆、四川、陕西、宁夏以及新疆，这些区域接近中心度的值高于全国平均值。其中，河南、陕西和湖北位居前三位，这些省份处于中部、西部的中间位置，有地理区位优势，可以更加充分地与其他省份进行串联和沟通。此外，这几个省份也是我国的重要交通枢纽，它们在建筑业减污降碳效率空间关联网络中扮演着中心行动者的角色，处于网络的中间位置，具有“桥梁”地位，对建筑业减污降碳发展所需要的资金、技术、人力等要素转移具有较大的主导权和较强的控制力，有能力掌控与建筑业减污降碳效率网络中其他省份之间的减污降碳交流，易与其他省份建筑业减污降碳效率发生空间联系。受经济发展和地理位置限制，黑龙江、吉林和辽宁等省份在建筑业减污降碳效率空间关联中接近中心度较低。这些省份受到其他省份的先进低碳技术和发展资源溢出效应不明显，在建筑业减污降碳效率空间关联网络中担任边缘行动者的角色。

建筑业减污降碳效率网络中介中心度越高，说明在网络中起到的“中介”作用越大，有较大的影响力，因此处于网络的中心，可以更有效地传播信息、影响其他节点和维持网络的连通性。2020年中介中心度平均值为3.818，高于平均值的省份有14个，分别为河南、陕西、新疆、山东、湖南、北京、天津、江西、湖北、重庆、宁夏、四川、江苏和安徽。其累计中介中心度为91%，说明这14个省份在已有的建筑业减污降碳效率空间关联网络中，对资金、技术、人才和信息等资源具有较强的控制能力，能够快速地与周围省份建立减污降碳联系，从而与其他省份更加“接近”，在建筑业减污降碳效率空间关联网络中处于枢纽地位，扮演着网络“中介”的角色。尤其是北京、天津、河南、陕西、山东、湖南和新疆等7个省份，它们成为推动生产要素资源向西南、东北等地区流动的重要枢纽。河南地处中原腹地，人口众多，随着交通设施网络的完善，与其他省份的中心城市联系更加紧密，生产要素的交流更见频繁与便利，这使得河南成为要素交流的纽带。陕西在“西部大开发”战略下，发挥“丝绸之路”经济带重要通道和节点作用，打造引领西部地区开放开发的核心引擎，增强了自身对生产要素的控制和支配能力。而剩余16个省份仅占全国中介中心度的9%，这些省份对资源要素的控制能力较弱，在建筑业减污降碳效率空间关联网络中处于“被支配”的边缘地位。这些区域的建筑企业，在与其他区域的企业合作过程中，应积极向其他区域建筑企业学习，采取低碳、绿色生产方式。因此，需要打破不同区域对资源生产要素控制的不平衡状态，使建筑业减污降碳效率空间关联网络朝着更加均衡的方向发展。此外，甘肃的中介中心度计算结果为0，表示甘肃处于建筑业减污降碳效率空间关联网络的边缘位置，与其他省份之间未建立起减污降碳治理关联。

5.3.3 空间聚类分析

为了厘清建筑业减污降碳效率空间关联网络的内部结构以及各地区在网络中的角色与地位，本书通过块模型深入分析网络板块内部结构及板块间的空间关联和作用特征。在方法上，选用CONCOR迭代运算方法，设置了最高切割密度为2，集中标准为0.2，进行非重叠性聚类分析，并分为四个板块，同时绘制板块间溢出和关联关系用于分析板块间的空间传导路径。

本书将每个区块的网络密度与整体网络密度进行比较，并将其分为两类：密度小于整体网络密度的区块（赋值为0）和密度大于整体网络密度的区块（赋值为1）。这种方法将复杂的密度矩阵转化为像矩阵。像矩阵说明了建筑业减污降碳效率相关网络中各板块之间的溢出效应。重要的是，四个像矩阵的对角元素均为0，表明减污降碳效率的空间相关性发生在板块之间，而不是板块内部。这表明建筑业减污降碳效率更倾向于外部互动。如表5-4所示，第一板块包括北京、天津、河北等10个省级行政区，其中板块的内部实际关系比例为81.03%，大于内部期望关系比例31.03%，且接受外部关系数为15，大于溢出关系数11，属于“净收益”板块；第二板块包括青海、陕西、四川等6个省级行政区，其中板块的内部实际关系比例为52.17%，大于内部期望关系比例17.24%，且接受关系数为10，小于溢出关系数22，属于“双向溢出”板块；第三板块包括江苏、福建、浙江等7个省级行政区，其中板块的内部实际关系比例为83.72%，大于内部期望关系比例20.69%，且接受关系数为18，大于溢出关系数7，属于“净收益”板块；第四板块包括湖南省、云南省、广东省等7个省级行政区，其中板块的内部实际关系比例为68.63%，大于内部期望关系比例20.69%，且接受关系数为13，小于溢出关系数16，属于“双向溢出”板块。

表5-4 建筑业减污降碳效率空间关联网络的溢出效应

板块属性		第一板块（净收益）	第二板块（双向溢出）	第三板块（净收益）	第四板块（双向溢出）
接受关系数		15	10	18	13
溢出关系数		11	22	7	16
内部关系比例	实际 %	81.03%	52.17%	83.72%	68.63%
	期望 %	31.03%	17.24%	20.69%	20.69%

注：内部期望关系比例=（板块内省份个数－1）/（网络中所有省份个数－1）；内部实际关系比例=板块内部关系数/板块的溢出关系总数。

为了进一步分析板块间的溢出关系，可以利用Ucinet表示空间网络密度矩阵和像矩阵来反映各板块间的溢出效应，显示出板块间建筑业减污降碳效率的空间关联传导机制。通过四大板块间互动关系图能够更加清晰地展示各板块间显著的溢出关系，如图5-4所示，图中箭头代表板块间存在显著的溢出关系，箭头的指向代表溢出关系的流向。第一板块和第三板块内一些省在网络中处于相对孤立和边缘的地位，可见该板块现阶段建筑业减污降碳发展的基础薄弱，更多依靠承接东部地区管理经验和先进技术提高自身的整体素质，促进建筑业减污降碳可持续发展，因此为主受益板块。

整体网络在2020年的网络密度为0.2276，若板块密度大于该值记为1，反之记为0。由表5-5可知，像矩阵对角线全部为1，说明板块内部减污降碳效率的关联和溢出效应十分显著，处于绿色技术吸收改进阶段，具有明显的“俱乐部”特征，“帮派”特征十分明显；而板块间关联关系不紧密。总的来说，建筑业减污降碳效率空间关联网络中各板块间的联系仍不够紧密，未来应进一步推动各板块之间的联

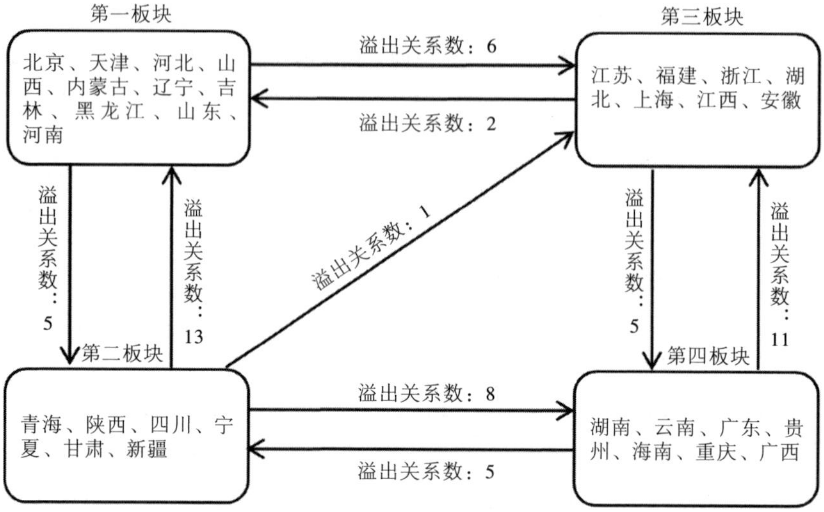

图 5-4　建筑业减污降碳效率关联网络四大板块之间的关联关系

系，充分发挥各板块在建筑业减污降碳效率空间关联网络中的作用，从而实现各地区建筑业减污降碳效率的协同提升。

表 5-5　**建筑业减污降碳关联网络的密度矩阵和像矩阵**

密度矩阵				像矩阵			
板块一	板块二	板块三	板块四	板块一	板块二	板块三	板块四
0.522	0.100	0.071	0.000	1	0	0	0
0.200	0.800	0.029	0.125	0	1	0	0
0.029	0.029	0.857	0.071	0	0	1	0
0.000	0.225	0.143	0.696	0	0	0	1

5.3.4　“核心-边缘”分布

“核心-边缘”结构是由核心区和边缘区共同组成的空间系统，是由中心紧密相连、外围疏散的城市间相互联系形成的特殊结构。其能够反映在多维要素流动作用下，不同节点城市在不同网络中的中心性。可以将区域划分为核心行动者和边缘行动者，关系密切的核心行动者构成有凝聚力的子群体，边缘行动者之间的关系则是松散的。基于“核心-边缘”结构，通过Ucinet和ArcGIS得到建筑业减污降碳效率的“核心-边缘”分布结果。2010—2020年各省份的科技经济发展可能使减污降碳效率发生改变，但是“核心-半核心-边缘”的结构不会改变。“核心-半核心-边缘”省份数量演变见表5-6。

表5-6 **建筑业减污降碳效率空间关联网络“核心-半核心-边缘”省份数量演变**

年份	核心	半核心	边缘
2010	15	3	12
2011	9	6	15
2012	11	2	17
2013	10	2	18
2014	13	1	16
2015	12	1	17
2016	14	0	16
2017	14	2	14
2018	15	2	13
2019	11	3	16
2020	12	3	15

从表5-6可以看出，根据减污降碳效率划分的核心省份数量在2012—2020年间波动较为平稳。

建筑业污降碳效率空间关联网络核心省份演变见表5-7。从表中可以看出，2010年包含15个核心省份，之后各年包含省份有所变化。例如，与2010年相比，2011年和2012年核心省份有所减少；2015年包含的省份与之前相比变化较大；2016年和2017年包含的省份相同但与2015年相比又有所变化；2018年在之前的基础上省份有所不同；2019年相比2018年又有变化。如北京市、天津市、河北省、山西省、内蒙古自治区、新疆维吾尔自治区等在部分年份从核心省份中消失，福建省、江西省、湖北省、湖南省、广东省等在不同年份组合情况也有变化，而江苏省、浙江省、安徽省等在某些年份新加入。总体来看，内蒙古自治区、新疆维吾尔自治区、江苏省、浙江省、安徽省等省份在2010—2020年间核心省份的归属中变化较大。

表5-7　**建筑业减污降碳效率空间关联网络“核心”省份演变**

年份	核心省份
2010	北京市、天津市、河北省、山西省、内蒙古自治区、山东省、河南省、湖北省、重庆市、四川省、陕西省、甘肃省、青海省、宁夏回族自治区、新疆维吾尔自治区
2011	北京市、天津市、河北省、山西省、内蒙古自治区、山东省、河南省、陕西省、宁夏回族自治区
2012	北京市、天津市、河北省、山西省、内蒙古自治区、山东省、河南省、陕西省、甘肃省、青海省、宁夏回族自治区
2013	北京市、天津市、河北省、山西省、内蒙古自治区、山东省、河南省、陕西省、宁夏回族自治区、新疆维吾尔自治区
2014	北京市、天津市、河北省、山西省、内蒙古自治区、山东省、河南省、重庆市、陕西省、甘肃省、青海省、宁夏回族自治区、新疆维吾尔自治区
2015	福建省、江西省、湖北省、湖南省、广东省、广西壮族自治区、海南省、重庆市、四川省、贵州省、云南省、陕西省
2016	江苏省、浙江省、安徽省、福建省、江西省、湖北省、湖南省、广东省、广西壮族自治区、海南省、重庆市、四川省、贵州省、云南省

续表

年份	核心省份
2017	江苏省、浙江省、安徽省、福建省、江西省、湖北省、湖南省、广东省、广西壮族自治区、海南省、重庆市、四川省、贵州省、云南省
2018	上海市、江苏省、浙江省、安徽省、福建省、江西省、湖北省、湖南省、广东省、广西壮族自治区、海南省、重庆市、贵州省、云南省、陕西省
2019	上海市、江苏省、浙江省、安徽省、福建省、江西省、河南省、湖北省、湖南省、广东省、贵州省
2020	福建省、江西省、湖北省、湖南省、广东省、广西壮族自治区、海南省、重庆市、四川省、贵州省、云南省、陕西省

在2010—2020年的11年间，在核心省份中出现过7次以上的为陕西省（8次）、湖北省（7次）和重庆市（7次）。虽然核心省份的成员有所变化，但是总体来说是比较稳定的，从表5-7中可以看出，核心省份大致可以分为两类：一类是经济体量较大的省份。经济体量较大的省份对于周边省份具有技术支持与合作以及产业转移与对接等效应。另一类是地理位置优越的省份。

建筑业减污降碳效率空间关联网络“半核心-边缘”省份演变见表5-8。

表5-8　**建筑业减污降碳效率空间关联网络“半核心-边缘”省份演变**

年份	半核心省份	边缘省份
2010	江苏省、安徽省、云南省	辽宁省、吉林省、黑龙江省、上海市、浙江省、福建省、江西省、湖南省、广东省、广西壮族自治区、海南省、贵州省
2011	辽宁省、江苏省、安徽省、湖北省、甘肃省、新疆维吾尔自治区	吉林省、黑龙江省、上海市、浙江省、福建省、江西省、湖南省、广东省、广西壮族自治区、海南省、重庆市、四川省、贵州省、云南省、青海省

续表

年份	半核心省份	边缘省份
2012	重庆市、新疆维吾尔自治区	辽宁省、吉林省、黑龙江省、上海市、江苏省、浙江省、安徽省、福建省、江西省、湖北省、湖南省、广东省、广西壮族自治区、海南省、四川省、贵州省、云南省
2013	甘肃省、青海省	辽宁省、吉林省、黑龙江省、上海市、江苏省、浙江省、安徽省、福建省、江西省、湖北省、湖南省、广东省、广西壮族自治区、海南省、重庆市、四川省、贵州省、云南省
2014	四川省	辽宁省、吉林省、黑龙江省、上海市、江苏省、浙江省、安徽省、福建省、江西省、湖北省、湖南省、广东省、广西壮族自治区、海南省、贵州省、云南省
2015	浙江省	北京、天津、河北省、山西省、内蒙古、辽宁省、吉林省、黑龙江省、上海市、江苏省、安徽省、山东省、河南省、甘肃省、青海省、宁夏回族自治区、新疆维吾尔自治区
2016	—	北京、天津、河北省、山西省、内蒙古、辽宁省、吉林省、黑龙江省、上海市、山东省、河南省、陕西省、甘肃省、青海省、宁夏回族自治区、新疆维吾尔自治区
2017	上海市、陕西省	北京、天津、河北省、山西省、内蒙古、辽宁省、吉林省、黑龙江省、山东省、河南省、甘肃省、青海省、宁夏回族自治区、新疆维吾尔自治区
2018	河南省、四川省	北京、天津、河北省、山西省、内蒙古、辽宁省、吉林省、黑龙江省、山东省、甘肃省、青海省、宁夏回族自治区、新疆维吾尔自治区

续表

年份	半核心省份	边缘省份
2019	山东省、重庆市、陕西省	北京、天津、河北省、山西省、内蒙古、辽宁省、吉林省、黑龙江省、广西壮族自治区、海南省、四川省、云南省、甘肃省、青海省、宁夏回族自治区、新疆维吾尔自治区
2020	江苏省、安徽省、甘肃省	北京、天津、河北省、山西省、内蒙古、辽宁省、吉林省、黑龙江省、上海市、浙江省、山东省、河南省、青海省、宁夏回族自治区、新疆维吾尔自治区

5.4 建筑业减污降碳效率空间关联网络驱动效应

在建筑业减污降碳效率空间关联网络驱动因素中相关指标数据属于关系矩阵，指标数据之间存在高度的相关性。由于其存在“共线性”的原则，指标数据不相互独立，因此多标准的统计方法，如OLS等就不能进行参数估计和统计检验，通常采用随机化的检验QAP回归分析来比较“关系-关系”层面矩阵之间的相关性。

5.4.1 QAP分析方法

二次指派程序（Quadratic Assignment Procedure，QAP）是一种比较两个或多个具有相同行列的矩阵中对应位置数据，并计算它们的相关系数值的方法。该方法通过随机置换其中一个矩阵的行列，重复进行比较和计算，最终得到一系列矩阵间的相关系数值。将这些系数值与原始矩阵间的相关系数值进行比较，可以确定影响因素之间是否存在相关关系的概率分布。QAP分析方法基于上述置换原理，可以避免关系型数据之间相互依赖对结果产生影响的情况。掌握网络整体、个体以及聚类特征之后，识别影响碳排放空间关联的因素对促进低碳经济发展具有重要意义，这些因素会通过影响城市之间碳排放交流从而导致空间关联网络的变化，其网络结构特征也会发生相应变化。目前，已有较多研究基于国家、省或地级市层面探索碳排放空间关联网络的影响因素。首先，地理距离更近的城市之间由于开展合作的成本相对较低，所以产生碳排放空间溢出的可能性更大；其次，城市的经济发展水平、城镇化水平和产业结构越趋同，要素流动的阻碍也就越小，这将有利于促进碳排放和建筑废弃物排放管理的交流与合作，进而城市各部门之间更容易发生碳转移和建筑废弃物转移；再次，各城市群中心城市人口密度趋于持续增加，这将导致中心城市的生活成本及工作竞争压力上升，从而推动人口向邻近或外围生活成本更低的城市转移，城市之间产生更频繁的联系；最后，绿色技术创新水平和环境规制程度相近的城市对环境的监管强度相似，从而产生较为紧密的碳排放和建筑废弃物排放空间关联，但城市群中心城市的绿色技术创新水平普遍较高，这将引导周边城市与之合作，有利于增强绿色技术创新水平差异较大的城市之间建筑业减污降碳效率的关联。因此，有研究对技术水平与建筑业减污降碳效率空间关联之间的关系得出了不同的结论。

基于以上分析，本书采用QAP分析方法来研究我国四大地区建筑业减污降碳效率空间关联网络驱动效应的驱动因素。

5.4.2 变量选取与模型构建

为探寻各地区建筑业减污降碳效率空间关联网络驱动效应的驱动因素，研究借助Ucinet6.0软件中的QAP分析对建筑业减污降碳效率差异矩阵进行回归分析，选取建筑业减污降碳效率的五个影响因素展开讨论（刘华军等，2015；张德钢和陆远权，2017；张翼，2017；庞庆华等，2019；李爱等，2021）。其中，年轻化的人口结构为建筑业发展和人力资本补给提供可能性支撑，因此，选取人口结构表征各地区的人口特征；居民可支配收入对建筑业减污降碳效率产生特定影响，因此本书选取居民可支配收入来代表居民消费能力；政府行为和公共服务环境对减污降碳效率的影响则分别用财政支出和基础设施建设表示；规模建筑企业数量则强调了建筑企业主体在建筑业减污降碳效率中的影响作用。具体回归模型如下：

$$R=f(P_s,\ D_{pi},\ F_e,\ Inf,\ Nlce) \tag{5-3}$$

式中：R表示各地区建筑业减污降碳效率差异关系矩阵；P_s、D_{pi}、F_e、Inf和$Nlce$分别表示人口结构差异、居民可支配收入差异、财政支出差异、基础设施建设差异和规模建筑企业数量差异，具体变量说明见表5-9。

表5-9　**建筑业减污降碳效率差异的影响因素及变量说明**

变量名称	变量含义	指标计算	数据来源
P_s	人口结构差异	省份间中小学生人数占户籍人口比例差值矩阵	《中国区域经济统计年鉴》
D_{pi}	居民可支配收入差异	省份间城镇居民可支配收入差值矩阵	《中国区域经济统计年鉴》
F_e	财政支出差异	省份间财政支出占*GDP*比例差值矩阵	《中国城市统计年鉴》
Inf	基础设施建设差异	省份间公路里程与行政地区面积比例差值矩阵	《中国区域经济统计年鉴》
$Nlce$	规模建筑企业数量差异	省份间规模以上建筑企业数量差值矩阵	《中国城市统计年鉴》

5.4.3 基准回归分析

由表5-10可知：样本期间内，规模建筑企业数量差异系数在1%置信区间上显著为正，表明其为建筑业减污降碳效率差异的重要来源。作为建筑业碳排放和建筑废弃物排放的重要主体，建筑企业的用能、技术创新等行为均会影响建筑业减污降碳效率，故规模建筑企业数量差异扩大了建筑业减污降碳效率的差异。

表5-10 **基准回归结果**

变量名称	2010年	2013年	2017年	2020年
Intercept	−0.293***	−0.305***	−0.299***	−0.317***
P_s	−0.117	−0.296	−0.483**	−0.654**
D_{pi}	0.024**	0.019**	0.179***	0.023***
F_e	0.037	−0.062	0.391	−0.157
Inf	0.039	0.087**	0.043	0.138***
Nlce	0.047***	0.079***	0.061***	0.039***
R^2	0.172	0.248	0.189	0.207
随机置换次数/次	2 000	2 000	2 000	2 000

注：*、**、***分别表示在10%、5%、1%的水平下显著。

人口结构差异系数在2017年和2020年时于5%置信区间上显著为负，表明2017年和2020年人口结构差异有助于降低建筑业减污降碳效率的差异。年轻化的人口结构是建筑业的关键区位因素，也是重要的潜在人力资本。然而，由于建筑业自身发展受阻与人口流失，其未真正通过人口结构年轻化水平形成有效的产业吸引力和人力资本积累，因而未形成正向影响。

居民可支配收入差异系数在样本期间内均为正向显著，其中2010年和2013年在5%置信区间上显著为正，2017年和2020年在1%置信区间上显著为正，表明居民可支配收入差异会扩大建筑业减污降碳效率差异。居民可支配收入增加，会提高建筑业服务消费水平，从而造成差异扩大化。

基础设施建设差异系数均为正向，且在2013年和2020年分别在5%与1%置信区间上显著，这说明基础设施差异会扩大建筑业减污降碳效率的差异。基础设施差异会形成公共服务环境异质化，这种异质化一般会导致建筑业减污降碳效率的差异化。

政府财政支出差异系数在样本期间内均不显著，表明政府财政支出差异与建筑业减污降碳效率差异无明显关系。这可能是因为本书测算的建筑业减污降碳效率已将环境变量这一因素剔除，导致两者差异不具备相关性。

5.5 本章小结

2010—2020年，中国建筑业减污降碳效率空间关联的网络密度呈逐年增大的趋势，各省之间的建筑业减污降碳效率关联越来越密切。中部区域建筑业减污降碳效率不如东部省份稳定，也不如西部城市具有爆发力，且其建筑业减污降碳效率一直低于东部和西部区域。网络等级总体趋于稳定态势，表明建筑业减污降碳效率网络等级特征不显著，几乎所有省域在空间关联网络中都具有对外产生影响的关联途径，但是区域之间关联强度的差距仍有待深入挖掘。

通过对个体网络的三种中心度的分析以及图示得出，中部的河南省和西部的陕西省在城市间起着重要的联系作用。

对块模型进行分析得出，各区域具有明显的“俱乐部”特征，“帮派”特征十分明显，而板块间关联关系不紧密。第一板块包括北京、天津、河北等10个省级行政区，其中板块的内部实际关系比例为81.03%，大于内部期望关系比例31.03%，且接受外部关系数为15，大于溢出关系数11，属于“净收益”板块；第二板块包括青海、陕西、四川等6个省级行政区，其中板块的内部实际关系比例为52.17%，大于内部期望关系比例17.24%，且接受关系数为10，小于溢出关系数22，属于“双向溢出”板块；第三板块包括江苏、福建、浙江等7个省级行政区，其中板块的内部实际关系比例为83.72%，大于内部期望关系比例20.69%，且接受关系数为18，大于溢出关系数7，属于“净收益”板块；第四板块包括了湖南省、云南省、广东省等7个省级行政区，其中板块的内部实际关系比例为68.63%，大于内部期望关系比例20.69%，且接受关系数为13，小于溢出关系数16，属于“双向溢出”板块。

在2010—2020年的11年间，在核心省份中出现过7次以上的为陕西省（8次）、湖北省（7次）和重庆市（7次）。虽然核心省份的成员有所变化，但是总体来说还是比较稳定的。

规模建筑企业数量、居民可支配收入和基础设施建设差异等对网络驱动的影响为正。

6

建筑业减污降碳效率时空格局驱动效应

建筑业是稳定经济发展的“压舱石”、服务国家战略的先行者。党的二十大报告中对如何推动高质量发展做出六大战略部署，加快构建新发展格局是其中之一。本章在STIRPAT模型的人口规模、经济水平、科技水平框架下，将机器学习随机森林模型纳入建筑业减污降碳效率时空格局驱动效应中，从而得到一个稳定的驱动序列，更好地解释了建筑业减污降碳效率时空影响的非线性相关关系。本书从多角度刻画了建筑业减污降碳效率的作用机制和因果反馈，提炼了建筑业减污降碳效率的时空异质性主要影响因素和动力机制，扩展了机器学习模型可解释性的见解，助力建筑业高质量发展。

6.1 随机森林方法

应用随机森林模型进行变量影响关系研究的思想来源于该模型对非线性复杂关系的处理能力以及特征重要性度量。随机森林（Random Forest）模型是一种集成学习方法，通过构建多个决策树并结合它们的输出结果来进行预测，从而提高模型的准确性和稳定性。这些决策树的集合共同构成了一个“森林”，而每一棵树都是基于原始数据集的不同子集和特征子集进行“训练”的。随机森林方法特别适合处理高维数据，其通过特征选择和数据采样的随机性，在不显著增加计算成本的情况下，提升了模型对复杂数据的处理能力。随机森林方法被证明是一种有效且易拓展的影响关系研究方法。该模型不需要预先对数据分布或变量间的关系进行假设，并且能够揭示变量间存在的交互作用和复杂的非线性关系。随机森林方法可以针对某一特定变量，对其影响变量进行重要性评估，衡量不同变量对该特定变量的影响程度。因此，基于随机森林方法构建包含多个变量的重要性矩阵，进而得出网络拓扑结构，能够清晰地展示不同变量之间的影响关系。此外，该方法对多重共线性不敏感，并且对含有缺失值或不平衡的数据集也展现出良好的鲁棒性（游介文等，2019）。随机森林方法应用于许多领域，如金融预测、医疗诊断、图像识别、文本分类等。由于其高准确性和鲁棒性，随机森林方法在这些领域中的应用也都取得了很好的效果。

随机森林模型中的部分依赖图（Partial Dependence Plot，PDP）作为一种可视化工具，揭示了机器学习模型中预测变量对模型输出结果的边际效应，为理解模型预测提供了直观的解释。部分依赖函数是通过固定某一预测变量并计算其余变量在所有可能取值组合下的平均预测值得到的。通过部分依赖图，可以直观地观察到单一预测变量与目标变量之间的复杂关系。在模型精度评价中，主要采用的指标包括平均绝对误差（Mean Absolute Error，MAE）和均方误差的平方根（Root Mean Squared Error，RMSE）。MAE是预测值与实际值之差的绝对值的平均值，反映了预测值与实际值之间的平均偏差，其提供了一个直观的度量标准来衡量模型预测的准确程度。RMSE是均方误差（Mean Squared Error，MSE）的平方根，强调了预测偏差中较大的异常值对整体误差的影响，同时保留了与原始数据单位一致的解释性，使其在模型评估中具有更广泛的适用性和直观性。

随机森林模型是建立在决策树基础上的，它通过组合多个决策树来提高模型的性能和预测能力，最终的预测结果是通过对所有决策树的预测进行汇总得出的。构建决策树时，在训练数据中进行有放回的抽样，抽取部分特征样本进行K轮训练，每棵树使用的特征样本不同，可得到不同的训练结果，得出不同的训练模型，即基评估器。进行预测时，在分类问题中选择多数分类结果，在回归问题中取多个回归结果的平均值作为集成评估器的预测结果。随机森林模型具有更高的分类准确率，能够有效处理多元数据集，且不需要进行降维。其具有处理大数据的优势，可以应用于具有大量缺失值的数据集中，能够在进行分类的同时度量变量对分类的相对重要性。

随机森林模型作为一种集成学习方法，其随机性主要体现在训练每棵树的过程中，通过在整体样本中利用Bootstrap 抽样技术，随机选取同样大小数据集进行训练，并不断实验构建随机森林。因此，该模型在面对缺失数据以及非平衡数据的估计和训练时较为稳健，同时克服了多重共线性问题，能够为科学研究提供合理的预测结果。Bootstrap 抽样与 CART算法是随机森林形成与模型计算的关键技术。

6.1.1 Bootstrap 抽样

通过Bootstrap 抽样可从原始样本中随机抽样从而保证样本的随机性，进一步进行组合汇成随机森林。一般是独立进行有放回的抽样，进而获取相应数量的样本集。在该过程中，每个样本未被抽取的概率 P_i 为：

$$P_i = (1 - 1/N)^N \tag{6-1}$$

$$Lim = (1 - 1/N)^N = \left[(1 + 1/U)^U\right]^{-1} = e^{-1} \approx 0.37 \tag{6-2}$$

这表明原始样本集中有近40%的样本并不在抽样样本中出现，因此，将以上的数据称为袋外数据。随机抽样对于避免信息损失和样本类别不平衡等一系列问题具有重要意义。

6.1.2 CART算法

CART算法的核心是通过递归地将数据集分为两个子集来构建决策树。每次划分都基于一个特征和一个阈值，目标是使划分后的子集中的样本尽可能地纯净（同一类别的样本尽可能多）。决策树作为一种树状模型结构，其节点类型很多，主要包括根节点、中间节点和叶子节点。各节点都有表示对象的属性的功能，因此决策路径一般从根节点经过中间节点最后到叶子节点形成完整的路径。在决策树生成后，可通过递归方式进行分析，从根节点开始分支，形成两棵子树，进一步产生根节点和左右子树。其中，每棵子树会继续递归生成新的子树，直至产生叶子节点为止。随机森林模型常用CART算法构建决策树，其核心就是按照基尼系数最小原则进行节点分裂，从而完成决策树的构建（刘卫东等，2019）。

6.2 变量选取

通过网络特征分析及块模型分析表明，中国建筑业减污降碳效率存在空间溢出关系，精准地识别出中国建筑业减污降碳效率空间关联网络的影响因素具有重要意义。同时因为所选数据区间为2010—2020年，数据庞大且可能有缺失值和不平衡类别的数据，所以选择利用随机森林模型来对其进行分析。使用随机森林模型还不需要对数据进行过多的处理，这为处理大量数据提供了便利。

本书选取STIRPAT模型对人口规模（任嘉敏和马延吉，2019；Mallapaty，2020）、经济水平（Lu et al.，2016；刘依明，2023；Doreian and Conti，2012）、科技水平（Liu and Xiao，2021；陈治池等，2022；康哲等，2023）等影响因素进行分析，同时参考大量文献选出了7个影响因素的变量。本书选取的各要素的具体指标见表6-1。

人口规模：选用人口数量作为人口规模的评判标准。人口数量对建筑业减污降碳效率的影响可以涉及多个方面。一方面，人口数量的增加可能导致建筑需求的增加，从而促使建筑业的发展，增加碳排放。

表6-1　　　　　　　　**特征变量的选取**

指标类别	变量名	单位
人口规模	人口数量	万人
经济水平	建筑业产值	亿元
	人均建筑业GDP	元
	地区生产总值增长率	%
	建筑业企业总收入	亿元
科技水平	建筑业企业技术装备率	元/人
	劳动生产率	元/人

另一方面，人口数量的增加也可能推动政府采取更多的环保政策和能源效率措施，以减少碳排放。此外，人口数量的增加也可能导致城市化进程的加快，从而对建筑规划、能源使用和交通等方面产生影响，进而影响建筑业减污降碳效率。当一个城市的人口增长到一定数量时，就会出现规模效应，这将大大提高城市的能源利用效率；人口数量的增加也会增加政府的税收，这将使地方政府有资金改善生态环境，因此，人口数量的增加将提高区域减污降碳协同治理的效率。此外，随着城市中人口规模的不断扩大，会需要大量的工作岗位，这将进一步吸引周边地区的人口聚集，不利于周边地区人口数量的增加，从而可能对周边区域建筑业的减污降碳协同治理进程造成一定程度的阻碍。

经济水平：选取建筑业产值、人均建筑业GDP、地区生产总值增长率以及建筑业企业总收入作为经济水平的评判标准。建筑业产值的增加可能意味着建筑活动的增加，从而增加碳排放；人均建筑业GDP的增加可能反映了建筑业的经济效益增长，但同时也可能与资源利用和环境保护有关；地区生产总值增长率的变化可能影响建筑业的发展速度和规模，进而影响建筑业减污降碳效率；建筑业企业总收入的增加可能反映了行业的盈利能力提高，但也可能与碳排放管理措施的实施程度相关。这些因素相互作用，综合影响着建筑业减污降碳效率。

科技水平：选取建筑业企业技术装备率、劳动生产率作为科技水平的评判标准。高劳动生产率可能会导致建筑业减污降碳效率的提高，因为高效率的劳动生产能够缩短建筑过程中的劳动时间、降低劳动成本，从而减少资源消耗和碳排放。例如，采用先进的工艺技术和设备可以提高劳动生产率，减少不必要的能源消耗和废弃物排放，从而提高建筑业减污降碳效率。因此，当一个区域加强技术创新时，往往会吸引邻近区域的人才，这可能会阻碍邻近区域的创新。此外，由于地理障碍的存在，区域中的先进技术往往需要一定的时间才能扩散到其他区域，这在一定程度上也不利于邻近区域创新水平的提高，从而阻碍了邻近区域的减污降碳进程。

6.3 特征重要性评估

为了研究建筑业减污降碳效率机制，通过建立随机森林模型对影响因素进行相关性分析。在模型的构建上，基于python3.6.8软件自带的RandomForestRegressor（RFR）方法构建随机森林模型。在利用随机森林模型回归之前，我们用STIRPAT模型选取的特征值在已经建好的随机森林模型上运行，通过得分来判断是否适合应用随机森林模型来进行相关性分析。通过对以往文献的分析，调整模型的参数，将各因素的矩阵数据进行整理，计算模型得分并且从中得到各特征值的相关性的排序。最终模型得分在0.85以上，说明选取的特征值及数据适合使用随机森林模型来进行相关性分析。在决策树的每个分裂节点上，随机森林模型不是从所有特征中选出最优特征，而是从一个随机选择的特征子集中选择最优特征，这有助于降低模型的过拟合风险；在分类问题中，随机森林模型通过多数投票的方式确定最终的预测结果；在回归问题中，计算所有决策树预测结果的平均值作为最终输出。这样减少了单个决策树的误差，提高了整体模型的准确性。

利用已有数据计算出的特征值重要性排序如图6-1所示，其中特征值分别为：x_1：人口数量；x_2：建筑业企业技术装备率；x_3：建筑业企业总收入；x_4：劳动生产率；x_5：建筑业产值；x_6：地区生产总值增长率；x_7：人均建筑业GDP。根据图6-1得知，特征值的重要性排序为：$x_7>x_2>x_1>x_4>x_5>x_6>x_3$，人均建筑业GDP对建筑业减污降碳效率的影响最大。

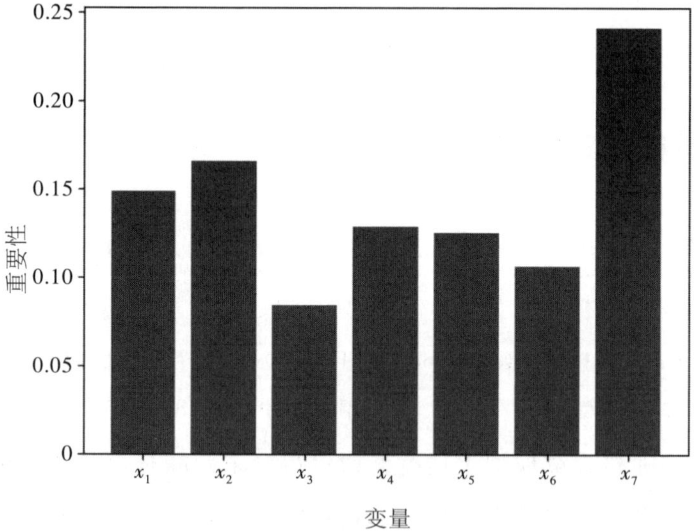

图6-1　驱动因素的特征值重要性排序

平均效度与决策树数量的函数关系如图6-2所示。

从三个方面分析人均建筑业GDP对建筑业减污降碳效率的影

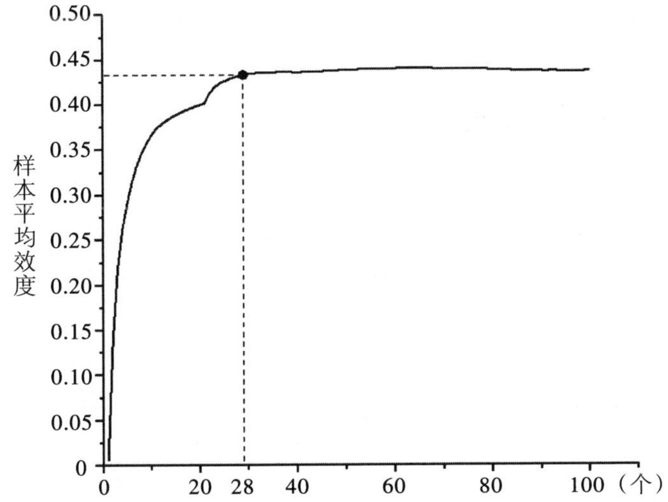

图6-2　平均效度与决策树数量的函数关系

响：首先，经济水平的提高有助于技术水平的提高，随着人均建筑业GDP的提高，建筑业在技术和装备上的投入就会增加，从而推动建筑业减污降碳效率的提高。引进更加先进的建筑技术和装备，可以减少能源消耗和排放量。其次，随着人均建筑业GDP的增加，人们对生活质量的追求会更高，国家也会颁布新的法律法规去推动社会的进步，较高的人均建筑业GDP也意味着更高水平的政府监管和法规要求。政府可能会出台更严格的环保政策，强制建筑业降低碳排放，促进减污降碳效率提升。最后，人均建筑业GDP的提高也会带动人们消费观念的改变，人们对绿色环保的意识也会提高。建筑业企业为了适应消费者的需求，可能会加强碳排放管理，采取更环保的建筑方式和材料，从而提高建筑业减污降碳效率。当然，人均建筑业GDP的提高与降低也会潜移默化地影响其他特征值对建筑业减污降碳效率的影响。总的来说，人均建筑业GDP的提高可以推动建筑业减污降碳效率的提升，但同时也需要政府、企业和消费者共同努力，采取有效的措施和政策来减少碳排放和废弃物排放，实现可持续发展。

6.4 影响因素作用机制

部分依赖图可以表征驱动因素对建筑业减污降碳效率的响应关系，进一步揭示其作用方向和作用强度。驱动因素对建筑业减污降碳效率的影响强度如图6-3所示。

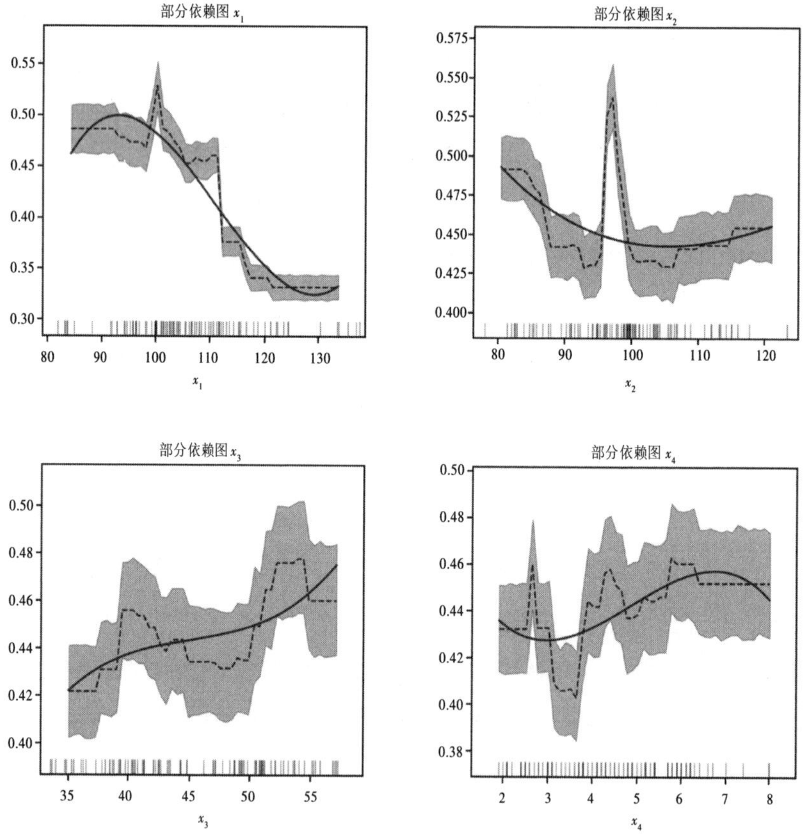

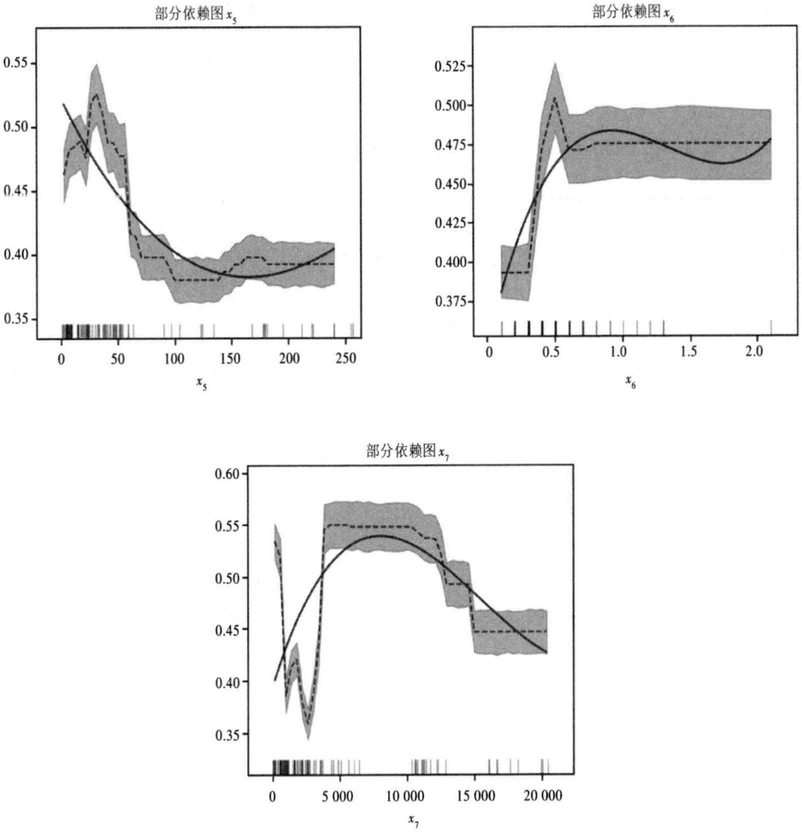

图 6-3　驱动因素对建筑业减污降碳效率的影响强度

建筑业产值水平对建筑业减污降碳效率的影响呈先上升后下降的趋势。建筑业在国家经济发展初期具有重要作用，因而在经济增长的初期建筑行业会随之高速发展，建筑业减污降碳效率也会随之提高。当国家经济水平达到某一阈值后，建筑业的发展将会减缓甚至停滞，建筑业减污降碳效率也会随之降低。

人均建筑业 GDP 对建筑业减污降碳效率的影响也呈先上升后下降的趋势，波动较为陡峭。表明人均建筑业 GDP 在随着行业高速发展而提高的同时，建筑业减污降碳效率也会随之提高。但当单位人工成本达到某一阈值后，会对建筑业减污降碳效率产生负向影响，高额的单位人工成本将不利于建筑业减污降碳效率的提升。

一般政府开支总额对建筑业减污降碳效率的影响呈波动上升的趋势。这表明适当地增加政府在建筑和拆迁废弃物治理方面的财政倾斜有利于其效率的提高，但两者之间存在的正向关系并非单调递增，当达到某一阈值后反而会使建筑和拆迁废弃物管理效率降低。

地区生产总值增长率对建筑业减污降碳效率的影响呈波动上升的趋势。可见第一、二、三产业之间的耦合关联性提高有助于提升建筑和拆迁废弃物治理，建筑行业占比较高的产业结构配置有利于建筑业减污降碳效率的提升，但提升并不显著。

能源效率对建筑和拆迁废弃物管理效率的影响呈先上升后下降的趋势。在建筑行业发展初期，行业本身高能耗的问题较难解决，提高对能源的消耗有助于建筑行业的发展，建筑和拆迁废弃物管理效率也会随之提高。当能源消耗达到某一阈值后，将会对建筑和拆迁废弃物管理效率产生负向影响，较高的能源消耗将会严重影响管理效率。

建筑业企业技术装备率对建筑业减污降碳效率的影响呈先上升后趋于稳定的趋势。由此可知，随着国家在建筑业减污降碳方面投资的增加，建筑业减污降碳效率会得到显著提升。当环境保护投资达到某一阈值后，建筑业减污降碳效率不再会随着环境保护投资的增加而提高。

劳动生产率对建筑业减污降碳效率的影响呈先上升后下降的趋势。随着国家循环经济的发展，建筑和拆迁废弃物治理领域也会受到正向带动作用，故而管理效率会随之提升。然而由于建筑行业高能耗与高建筑垃圾产出的特点，在循环经济发展过程中，其发展会受到制约，故建筑业减污降碳效率也会受到影响，呈逐渐下降趋势。

6.5 模型的稳健性检验

为了验证随机森林模型计算结果的有效性，在已有数据基础上，选择线性模型LR、带有约束项的线性模型（LASSO，ElasticNet）、非线性决策树、集成学习模型（AdaBoost）和梯度提升模型XGBoost等对数据进行建模，见表6-2。

表6-2 不同算法模型对比

序号	方法	平均数	标准差	均方差
1	LR	0.026460	0.008214	0.024924
2	LASSO	0.035027	0.008633	0.034705
3	EN	0.008633	0.008663	0.034705
4	CART	0.012016	0.012016	0.000000
5	SVR	0.006423	0.006423	0.012894
6	ABR	0.005022	0.005022	0.012013
7	RFR	0.003670	0.003670	0.002479
8	XGB	0.005327	0.005327	0.000001

采用MSE作为模型的评价标准，采用10折的K-Flod进行交叉验证，从中挑选最合适的模型进行应用，各模型的平均得分、标准差和样本内（外）的预测误差如图6-4所示。MSE是观测值与真值偏差的平方和与观测次数的比值，它是一个衡量模型预测精度的指标，MSE的值越小，说明预测模型对于目标的拟合程度越精确。从图6-4中可以看出，8个模型中XGBoost模型和随机森林（RFR）模型表现出了最

好的拟合效果，表现为最小的平均MSE、MSE标准差和最小的样本内（外）预测误差，适合对已有的数据建立模型。XGBoost模型和随机森林模型作为最优模型，对它们进行机器学习预测和重要特征排序，其中随机森林模型的MSE值最小。

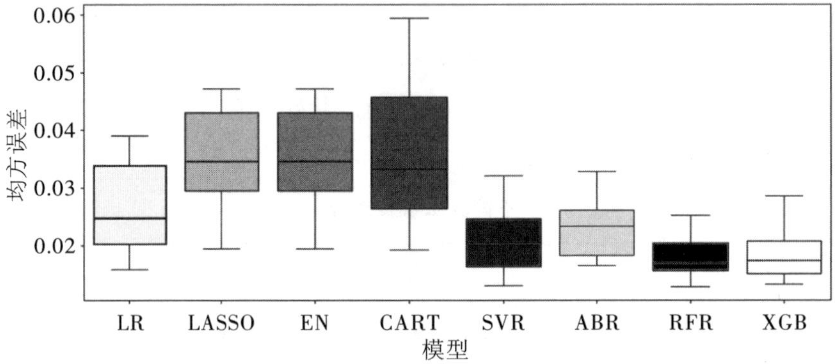

图6-4　不同模型的均方误差（MSE）

选用XGBoost模型与随机森林模型进行对比分析，其目的有两个：第一，模型的稳健性检验，检验两个模型得到的结果是否一致，如果一致，则表示特征变量的确定；如果不一致，则需要继续对数据进行整合并且找到相关因素的重要性程度分析。第二，通过对两个模型精度的对比来选择最适合的模型。

从图6-5中可以看出，x_7为影响程度最大的驱动因素。对比图6-4可以看出，两个模型在特征值的重要性排序上略有不同，但是在最重要的因素的选择上一致，均将人均建筑业GDP作为最重要的因素。最后我们通过对两个模型的三项数据进行对比，选择出最优的模型，并且以最终选择的随机森林模型的特征值的重要性排序作为最终的结论。

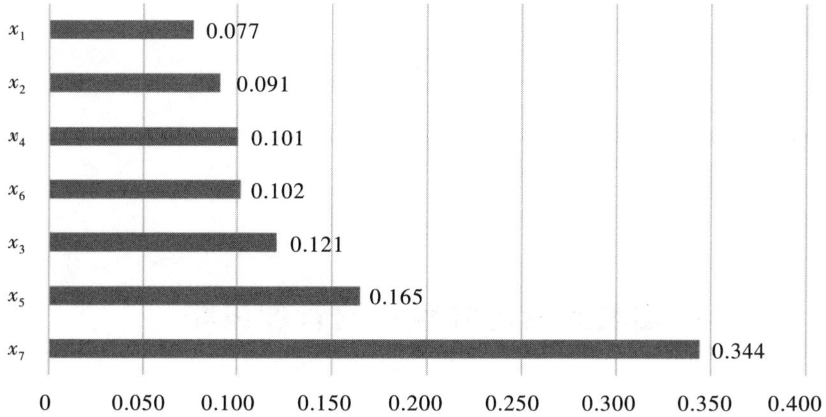

图6-5 XGBoost模型驱动因素的重要性排序

6.6 本章小结

在对建筑业减污降碳效率空间关联网络形成机制的研究上，我们采用了STIRPAT模型从人口规模、经济水平以及技术水平三个方面对影响因素进行选取，通过建立随机森林模型对影响因素进行了相关性分析。随机森林算法应用于建筑业减污降碳效率评价中，其克服了传统方法中权重设置的主观性干扰因素，利用已知样本实现了对未知大规模样本的预测，符合适宜性评价的工作实际；同时，基于数据映射，有着较强的可行性，其评价结果可为建筑业减污降碳、协同治理提供支撑。随机森林模型影响因素重要性排序及部分依赖图可为分析建筑业减污降碳效率的驱动机理提供证据。效率的核心在于通过路径优化使有限的资源投入能够获取最高效的边际产出，资源的高效配置是关键，人均建筑业GDP是所选的7个特征值中对减污降碳效率影响最大的因素。

7

建筑业减污降碳协同管理策略

改革开放以来，随着中国经济的高速增长，中国已成为全球第二大经济体。在相当长一段时间内，中国经济的增长以能源和资源的投入驱动为主，在经济社会发展的同时也消耗了大量的资源，产生了大量的固体废弃物和碳排放。我国幅员辽阔，在建筑业减污降碳协同治理过程中，各省的经济发展状况、资源禀赋、技术水平等存在较大差异，这在一定程度上导致各省的建筑业减污降碳效率存在时空不均衡性。本章基于前文的实证研究结果，提出和构建具有针对性和前瞻性的中国建筑业减污降碳协同治理策略，以期达到“双碳”目标，促进资源、环境和社会经济的和谐，实现建筑业高质量发展。

7.1 推进建筑业减污降碳协同管理

以习近平新时代中国特色社会主义思想为指导，为实现“绿水青山”的美好愿景，在全面贯彻落实高质量发展理念的同时，建筑业应建立健全减污降碳协同管理策略，实行建筑废弃物源头减量化管控，积极推动工程项目建设生产组织模式的转变，在工程项目全生命周期中有效减少建筑废弃物的产生，不断改善人居环境，推进工程建设可持续发展。当前，在“双碳”目标建设的背景下，新型城市化和城市更新活动的开展，对建筑业减污降碳管理提出了新的要求，为更好地实现建筑业减污降碳协同管理，就需要探索中国建筑业减污降碳效率空间异质性的形成机制。本章重点从制定和完善建筑业减污降碳管理政策、提升建筑业技术水平、发展循环经济三个层面展开，为实现中国建筑业减污降碳管理提供参考。

“十四五”时期，中国的生态环境保护进入减污降碳协同治理的新阶段，协同推进建筑业减污降碳已成为建筑业全面绿色转型高质量发展的必然选择和根本要求。党的二十大报告中提出的“实施全面节约战略，推进各类资源节约集约利用，加快构建废弃物循环利用体系”，为新时期生态文明建设指明了方向，为加快发展循环经济提供了根本遵循。建筑废弃物循环利用是循环经济的重要一环，是建设“无废城市”的目标，对减少建筑业资源和能源消耗、提高建筑业资源利用效率、实现建筑业减污降碳协同增效至关重要。要重视建筑业绿色低碳发展的顶层设计，尽快完善建筑业污染物排放标准和市场化交易体系建设，加强建筑废弃物跨区域平衡处置的协作管理，扎实推进建筑业减污降碳协同工作。

在建筑废弃物产生环节，应实施源头精细化管理。目前城市化进程加速，因工程项目施工每年产生的建筑废弃物体量较大，且各地区之间建筑废弃物排放量存在空间异质性。在城市基础建设中，还需要大量以回填土方为代表的生态修复、土地平整等工作。政府应围绕建筑废弃物管理制度不完善、建筑废弃物分类管理机制尚不健全等问题，有针对性地提出规范废弃物源头管理的若干举措，修订建筑废弃物管理规定，推动建立更加规范的建筑废弃物管理体系。

在建筑废弃物回收环节，应注重进一步健全回收体系。目前市场上存在部分自发性的建筑废弃物跨区域平衡处置的现象，但由于部分城市的相关政策还不够完善，存在着部门及职权设置缺失的问题，因此目前依然无法开展跨区域平衡处置的审批工作。因此各级政府应加强建筑废弃物跨区域平衡处置的协同管理，各地区应尽快出台相关暂行办法来推进建筑废弃物跨区域平衡处置工作。废弃物的产生与回收一头连接着生产，一头连接着资源化利用，建立规范的建筑废弃物回收管理体系才能实现废弃物循环利用。

在建筑废弃物利用环节，应注重进一步提高利用质量。加强建筑废弃物源头管理是构建高水平建筑废弃物循环利用体系的重要基础。

7.1.1 科学测算建筑业的碳排放和废弃物排放

建筑废弃物资源化利用理论上具有碳减排效益和废弃物减排效益。目前，对于建筑废弃物排放核算方法尚无明确的共识，而这对于“无废城市”绩效评价至关重要。此外，建筑业碳排放的核算方法也应尽快统一，这将有利于建筑废弃物资源化利用行业进入碳交易市场，从而增加相关资源化利用企业的动力。然而，中国尚缺乏系统的、标准化的、有针对性的方法和操作程序来计算碳排放和废弃物排放（刘海猛等，2018）。在建筑业碳排放和建筑废弃物排放核算方面，需要建立统一的核算标准和方法。中国建筑废弃物的统计数据相对缺乏，包括反映建筑废弃物资源化利用的环境效益的基础数据，这在一定程度上限制了对碳减排和废弃物减排效果的评估。需要充分利用大数据、物联网、区块链等新一代信息技术，及时建立建筑废弃物环境影响数据库。结合可靠的数据，才能对建筑废弃物资源化利用的效果进行系统的评价。

全面认识中国省域建筑业碳排放和废弃物排放空间异质性。建筑业碳排放和废弃物排放涉及各省份之间的经济发展水平、人口规模和区位等因素，省域建筑业减污降碳效率呈现出较强的空间关联性，形成多个省份之间复杂的网络关系。要通过宏观调控和市场机制实现建筑业减污降碳效率的空间优化。在建筑业减污降碳政策制定的过程中，要关注建筑业减污降碳效率的空间联动效应，形成“数量-结构”驱动型建筑业减污降碳思路，实现建筑业减污降碳从“局部”转向“整体”，从“点”转向“面”。优化和调整省域建筑业减污降碳效率的空间网络结构，提高建筑业减污降碳空间配置效率，实现建筑业减污降碳区域协同减排。充分考虑建筑业减污降碳效率的空间关联网络的板块结构特征，制定区域差别化的建筑业减污降碳政策。

7.1.2 加快推进建立建筑废弃物资源化市场体系

进一步发挥市场在资源配置中的作用，不断缩小建筑业减污降碳效率空间关联网络中各省份之间的经济、资源和技术等方面的差距，从而促进整体建筑业减污降碳效率的提高。提高建筑业减污降碳效率空间关联网络的稳定性，发挥建筑业减污降碳效率的技术溢出效应，在实现建筑业减污降碳效率空间关联网络中各省份建筑业减污降碳效率普遍提高的基础上，不断提升建筑业减污降碳效率空间治理效率。利用板块自身技术优势和管理经验，调整各板块的经济社会发展思路，促进经济发展方式的转变，因地制宜实行建筑业减污降碳协同管理。建筑业减污降碳管理政策的制定，不能采取“一刀切”的方法，要充分发挥建筑业减污降碳板块之间的关联效应，提高建筑业整体减污降碳效率水平。在制定减污降碳政策时，需要根据每个地区的特点来制定具有地方特色的路径。在经济相对发达的地区，加大科研投入和构建完善的交通网络有利于加快减污降碳效率向高值收敛。通过加强科研投入，可以推动先进环保技术的发展和应用；构建完善的交通网络可以提高交通运输的效率，从而减少碳排放。这些措施将有助于提高经济相对发达地区的减污降碳效率。而在经济欠发达地区，发展经济和提升人均GDP水平能够在减污降碳过程中发挥关键作用。提升人均GDP水平可以激发创新和技术进步，从而推动减污降碳工作的进程。

7.1.3 加强建筑业减污降碳监管和区域合作力度

加快区域协调发展战略进程，缩小区域差距。以全局观统筹减污降碳协同目标，根据各地实际情况将国家减污降碳目标分解落实，形成“国家—区域—城市”多层次目标体系，探索可推广、可复制的经验和样板。我国区域间建筑业减污降碳存在显著的空间依赖性，若不重视这种空间交互作用可能会导致减排政策“失灵”。这就要求区域之间充分认识空间交互作用，关注周边区域的建筑业减污降碳政策及相关要素变动的影响，积极打破区域之间的行政壁垒，充分利用大数据、物联网、云计算等先进技术，推进环境基础设施同数字化相融合，以数字化助推运营和监管模式创新，实时监测建筑业废弃物排放和碳排放，避免“逐底竞争”和“污染转移”等情况出现。共同推进区域减污降碳协同治理进程，通过信息共享等途径实现技术、人力等的区域溢出，增强区域间合作力度，发挥各自优势，共同治理环境污染等问题，有效推动建筑业减污降碳政策执行，共同推进建筑业减污降碳的发展（李小飞等，2012）。中国不同地区之间的资源禀赋、产业基础、公众意识、基础设施差别较大，地区发展不平衡特征明显，在减污降碳协同推进产业转型中，需要因地制宜、一企一策地实施差别化管理。推进各区域要素禀赋深度融合，优化生产力布局，因势利导，充分发挥各地减污降碳协同优势，引导地方政府间生态环境治理从“趋劣竞争”向“趋优竞争”转化。加强建筑业减污降碳监管力度，提高建筑业减污降碳效率水平，出台相应的政策措施加大建筑业减污降碳管理的区域合作力度，实现区域均衡发展。

7.2 完善建筑业减污降碳管理政策

7.2.1 实施建筑业减污降碳管理

我国幅员辽阔，各省域建筑业的发展情况千差万别。因此，需要根据其实际情况提出相应的建筑业减污降碳目标，切不可盲目地效仿其他省份建筑业的规章制度，同时也要避免实行“一刀切”的强制性政策。中国建筑业减污降碳效率具有明显的区域集聚特征。对于政府而言，要进一步做好顶层设计，构建功能完善、分工明确的区域建筑业协同发展战略。尊重市场规律，在市场配置资源的基础上，协调区域建筑业减污降碳发展目标，遏制区域不同城市间对产业、要素的低水平无序竞争（刘航等，2012）。在推动减排工作的同时，不能忽视各地区的差异性，应该注重协同发展，避免出现不平衡的情况。一些中心城市的快速发展吸引了大量资源和人才，而周边城市却相对滞后。这种现象不仅导致了资源的集中，也加大了城市之间的差距。在工程建设项目全生命周期管理中，在工程项目的可行性研究报告、初步设计、招标过程和施工方案等相关文件中，应包含建筑业减污降碳管理和处置方案，并将建筑废弃物处理相关费用纳入工程项目概算当中。加强减污降碳协同技术科技成果转化、技术集成示范和应用推广。建立减污降碳数智管理平台，实现“污-碳-能”的可视、模拟、管控和评估功能，提升预测预警预防能力。应调整不同区域间的建筑业资源配置，充分发挥省域技术效率溢出效应优势，加强省际生产要素的流动，解决资源过度分化导致的偏离要素禀赋、地方过度竞争和市场分割导致的资源配置扭曲等一系列问题。要注重资源与生产规模的合理配置，使生产规模与劳动力、资本之间达到最优的匹配关系，实现资源的共享和优势互补。此外，政府主管部门在施工扬尘污染防治实施方案审查中，要重点审查建筑垃圾处置方案。施工安全监督机构应当将施工企业在建筑施工过程中建筑废弃物处置方案落实情况作为施工安全监督的主要内容。加强建筑业减污降碳管理要从对建筑废弃物进行登记审核做起，对工程建设项目全生命周期进行废弃物的跟踪、全过程监管，确保建筑业减污降碳科学管理（刘亚清等，2017）。在建筑业减污降碳管理处置的过程中可探索以固定收集点的形式进行建筑废弃物的源头收集，可通过定制开放式收集箱、利用可卸式垃圾收集车来降低建筑废弃物处置成本。实施和加强建筑废弃物源头的减量化管理，确保工程建设项目全生命周期的减污降碳管理工作。

7.2.2 制定建筑业减污降碳保障制度

中国的建筑废弃物资源化工作正处于起步阶段，尚未出台建筑废弃物分类收集和资源化处理的相关法律法规，也缺少建筑废弃物资源化的控制标准和减量化管理标准。建筑废弃物资源化的政策支持力度不够，缺少激励补偿机制。这些使得我国建筑业和各城市推进建筑废弃物资源化工作困难重重。因此，在建筑业减污降碳管理中，政府主管部门还要从实际情况出发，结合当地技术条件，学习先进地区（如北京、上海、香港等）的建筑业减污降碳管理和协同治理经验和技术，修改法律法规，出台相关政策，规范处置行为，实现建筑废弃物跨区域协同治理和处置。明确各利益相关者在建筑废弃物减量化管理中的权利和义务，构建全方位的建筑废弃物资源化保障制度，实现建筑废弃物全生命周期的减量化、无害化、资源化管理目标，进而降低建筑业碳排放。

（1）出台企业建筑废弃物减量化、资源化扶持政策。政府引导，加强源头减量化管理。要实行建筑废弃物源头分类，既耗费人工又耗费时间，对于建筑废弃物减量化管理中很重要的一方——施工企业来说好处并不明显，只有对建筑废弃物资源化进行强有力的政策扶持才能吸引企业。第一，政府应完善相关法律法规，对随意倾倒、露天堆放的企业实施严厉的处罚措施。第二，需要政府采取激励性的措施，如制定减量化考核政策，给予建筑废弃物减量化管理执行较好的企业部分税收减免。第三，为了开拓建筑废弃物资源化的行业市场，政府应该对开展建筑废弃物资源化的企业提供政策支持，包括财政补贴、税收减免，土地、信贷、水电价格等方面的优惠等，以此刺激行业的发展。第四，政府应引导行业协会及相关企事业单位推进绿色建材的使用，提倡在具体施工中应用耐久性长、污染性小的材料。第五，通过多渠道推广建筑废弃物资源化利用的必要性和可行性，加快建筑废弃物资源化管理的发展进程。在此基础上根据综合处置场的运营成本及营利情况，制定更为详细的补贴标准，这样既能扶持相关企业长期开展建筑废弃物资源化，又能刺激其进行技术革新来赚取更高利润。经济利益驱动是循环经济发展的根本动力，应充分利用经济杠杆、奖惩措施促进建筑废弃物的减量化和资源化。第六，可通过强制性清洁生产审核（Zhang et al.，2023）、推动数智融合发展和提升末端治理水平等方式增强建筑业减污降碳协同效应（刘亦文和陈熙钧，2023）。

在建筑废弃物资源化过程中，各利益相关者进行建筑废弃物减排处置和资源化支出的成本不同，严重制约了建筑废弃物资源化的开展，应提高企业建筑废弃物直接填埋费用并降低其进行资源化的直接成本。

（2）完善建筑废弃物处置收费制度。制定相应的规范标准，让政府、企业、社会都有规可循、有矩可蹈；出台相关的建筑废弃物管理条例办法，实现建筑废弃物定点运输、定点消纳、可视化监控，建立建筑废弃物的处理流程线。在施工过程中，要准确进行施工各环节、各分部分项工程中建筑废弃物和碳排放的测算，明确运输处置费用的标准，并在工程造价中单独列项计价。在拆除工程中，必须进行建筑废弃物的分类，加大现场建筑废弃物资源化处置力度，提高建筑废弃物资源化处置标准，鼓励企业进行建筑废弃物资源化。对不同类型的建筑废弃物处置应分类定价，并完善建筑废弃物处置价格动态监管和价格调整机制。此外，政府部门可利用第三方平台收取建筑废弃物处理费。由政府出面，出台一系列相应的措施，以国家强制力实施，社会企业配合执行，市场自动调控、协同发展，形成制度完善、全程可控、布局合理、循环利用的建筑废弃物监管与利用体系，减轻产生方前端经济压力，并积极有效落实支付政策（卢鋆镆等，2023）。

（3）建筑废弃物回收利用补贴标准。随着城镇化进程的加快，城市规模和城市人口比重越来越大，建筑废弃物排放量呈逐年上升趋势，因此，城市在建设和治理过程中，应合理规划和扩张城市区域，更加关注城市的可持续发展。应提高建筑企业从项目经理到施工人员的环境保护意识，设置环保信誉，把建筑废弃物减量化和资源化作为对建筑业和政府绩效考核的重要指标（马伟波等，2022）。从涉及建筑废弃物的管理上入手，进行建筑废弃物管理目标和具体措施的制定，以及施工技术手段的改进，还需要引进大量的设施设备以满足建筑废弃物的消纳处理，以进行源头上的减量化。政府在财政政策上应设置合理的建筑废弃物回收利用补贴标准，从源头和制度上减少建筑废弃物的排放，进行建筑业减污降碳协同管理。

7.2.3　全方位提升建筑业技术水平

政府应充分发挥财政的杠杆和支柱作用，建立建筑废弃物排放和碳排放总量激励补偿机制，将政府有限的资源投入到建筑业绿色低碳关键领域，吸引和带动更多社会资本流入建筑业绿色低碳领域。通过资金主体多元化，产生减污降碳资金集聚效应，为建筑业发展提供充足的资金支持，防范化解财政运行风险，保障经济社会平稳运行。推动东北地区与中部地区建筑业减污降碳工作协同发展，在保持中部地区减污降碳工作稳定良好的同时，加大力度促进东北地区减污降碳效率的提升。可以在北方具有代表性的地区率先开展“碳达峰”“碳中和”试点工作（任嘉敏和马延吉，2019）。根据各省的异质性，实施差异化的区域政策引领和空间战略布局，建立健全多元化、多渠道的环境政策体系，并且合理控制外部环境，为经济发展腾出更多的环境容量，走降碳、减污、扩绿、增长协同推进的高质量发展道路。

（1）提升企业技术水平。应制定各种建筑废弃物排放定额、产生量标准等，鼓励企业加大创新激励力度，吸引科研人才流入技术创新领域，推动低碳技术与低污染排放治理技术的协同创新，实现首创性、根本性和颠覆性的科技创新，利用技术手段巩固减污降碳协同效应。完善建筑废弃物资源化全过程处置标准，在施工过程中将建筑废弃物处置核准工作作为施工扬尘污染防治实施方案的重要内容，并在施工安全备案和建设项目环境影响评价等工作中考虑建筑废弃物的处置。建筑废弃物资源化应首先实现源头可控，因此制定建筑废弃物排放量标准势在必行。将绿色发展理念融入企业生产经营的全过程，增加对节能降碳、生态保护、污染防治等领域的研发投入，合理依托技术和资本市场，构建多元化主体参与、网络化协同研发、市场化运作管理的新型创新生态体系。加快科技创新成果转化，推广先进的减污降碳技术，使产业结构向着优化、升级发展。例如，有关部门在对重庆市建设施工企业建筑废弃物定量定性综合统计调查的基础上，根据相关环境质量标准和现有经济、技术条件，制定建筑废弃物产生及允许排放量标准。建筑企业需要提升技术水平、推进绿色建造新技术和改善施工装备以减少建筑废弃物排放和碳排放。施工企业应多采用和推广装配式建筑技术。施工的过程是产生建筑废弃物的主要阶段，在这个阶段对建筑技术、管理人员的行为态度、现场工人的操作水平及外部制度进行严格管理、把控，将有效减少建筑业碳排放和废弃物的产生。

（2）建立建筑废弃物资源化处置的技术标准。近些年来国家颁布了一系列行业标准，应在此基础上制定建筑废弃物减排技术规范以及再生混凝土、砂浆等粗细骨料的强度、力学等性能指标标准。应建立对使用再生产品建造的建筑物的绿色认证制度，将使用再生产品的情况作为绿色建筑评定的重要指标。一方面，采用“绿色”而不是“垃圾”这个容易让人接受的称谓，可以提高大众对建筑垃圾再生产品的认可程度；另一方面，对再生产品以及使用该产品的建筑物进行绿色认证，可以衡量开发商的环保意识，制定相应的政策措施，也可提高开发商使用再生产品的积极性。通过产业结构调整、清洁能源开发、低碳交通运输体系建设以及加强绿色低碳科技攻关和应用等，给予后进地区政策先行先试的整体优势，以点带面，加速后进地区建筑业的“碳达峰”“碳中和”进程。对建筑废弃物资源化进行成本补偿，完善建筑废弃物资源化处置收费制度，积极探索具体的成本补偿方法和建立资源化利用的相关政策。

（3）形成建筑废弃物处理企业与政府、高校、科研机构之间的战略联盟。利用“互联网+”、大数据等高新技术手段，建筑企业、建材销售商与政府相关部门之间进行多方协调合作，建立建筑废弃物产生、运输、处理、再利用等一系列处理流程的数据信息平台，准确、快速、高效地处理与建筑垃圾相关的信息，为建筑废弃物的产生、处理、利用等多个环节的运行提供便利。建设单位、施工单位应履行建筑废弃物资源化的义务，积极使用建筑废弃物的再生材料和制品。考虑到落后区域在经济发展过程中对自然资源的高度依赖性，政府要充分发挥外商投资和绿色技术创新在提高城市减污降碳效率中的积极作用，进行绿色技术创新，不断强化低碳零碳负碳和储能，推动先进适用技术的研发和进一步推广，避免落后地区重蹈东部城市先污染后治理的覆辙。加强区域间“环保支援”，带动其他区域提高建筑业减污降碳效率。建筑废弃物经过分拣、筛选等程序后，大多数可作为再生资源而得以重新利用，建筑企业应与高校、科研机构进行合作，开展对建筑废弃物再回收技术的研究，国家相关部门也应当尽力扶持企业的技术研发和推广使用，实现建筑废弃物“减量化、资源化、无害化”。

（4）把握区域建筑业减污降碳协同治理效率的空间聚集性，发挥先进区域的引领作用。建筑业减污降碳效率存在正的空间溢出效应，即地方层面的减污降碳协同治理可以促进邻近地区的发展。因此，具有较高减污降碳协同治理能力的先进区域应率先垂范，积极与周边区域分享经验，因地制宜，推进区域建筑业减污降碳协同治理进程，形成跨区域建筑业减污降碳治理协同体系，为实现绿色发展奠定坚实基础。由于每个区域的资源禀赋不同，每个区域都应该根据自己的情况，实施相应的措施，促进区域建筑业减污降碳协同治理。深入打好污染防治攻坚战，构建绿色低碳发展新格局，为经济发展提供新引擎。中央政府要制定节能降碳技术、人才、资本等资源从先进地区流向高耗能、高排放项目主要承接地区的支持政策，鼓励减污降碳效率高的区域通过技术帮扶、绿色投资等方式提升西部、东北地区建筑业减污降碳能力和水平，缓解乃至消除建筑业人均碳排放量和碳排放效率“错配”现象。加强关键区域环境污染跨区域联防联控，在大气污染防治的重点区域，通过技术创新进一步提升减污降碳与经济增长的协同效应。不断缩小各省在建筑业技术集聚等方面的差距，强化省域建筑业经济活动的互联互通，促进建筑业绿色低碳发展。多方面推动低碳转型进程，建立技术引领、政策推动、以市场驱动为核心的能源转型路径，建立健全清洁化、低碳化、多元化的能源体系，通过有效降低能源消耗强度，为提升建筑业减污降碳效率腾出更多的发展空间。消除“马太效应”阻碍，实现协同节能减排和空间均衡发展，进一步完善绿色创新发展的市场导向机制。

（5）实施建筑废弃物减量化管理，大力发展循环经济。政府采取相关政策措施降低建筑废弃物排放峰值，实现建筑废弃物排放与经济增长脱钩。随着科技的发展，国内外在垃圾处理设备的制造改进方面发展也较迅速。建筑废弃物减量化管理影响“无废城市”的建设和治理，因此，在施工过程中，应将建筑废弃物源头管理纳入文明工地的考核当中，实施建筑废弃物全生命周期的排放管理。对生产过程中的废弃物再利用进行充分思考，在建筑施工过程中尽可能减少建筑废弃物的排放，并对产生的建筑废弃物采用合理的方式进行处理，使其尽可能地在施工现场得到再利用。对建筑废弃物实行源头减量化管理，合理提高建筑废弃物再生材料的使用比例，同时强化资源化产品的技术规范和质量要求，以实现经济和环境的和谐发展。加强低碳技术创新，促进区域技术合作。中国低碳技术尚处于发展初期，创新积累较为薄弱，加上低碳技术的创新涉及多领域、多层次、多省间的协调合作，因此，要加强制度的顶层设计，建立面向各省不同市场需求的低碳技术供给体系，健全技术创新激励机制。构建清洁低碳的能源体系，有效降低能源消耗强度。

（6）要进一步加快全国碳排放权交易市场的建设，深入开展碳排放报告核查工作，完善碳排放配额分配机制，将更多重点行业纳入交易体系，以市场化手段促进东北地区与中部地区的低碳协同发展。通过建立碳排放权交易市场，可以实现碳排放的精细化管理和市场化调控，激励企业积极降低碳排放，促进建筑业的减排工作。同时，还需要加强区域之间的合作与交流，可以通过建立绿色低碳技术研发中心、开展技术培训和经验分享等方式，促进各区域在减污降碳技术与经验方面的互相借鉴和合作。这将有助于推动薄弱地区的建筑业减污降碳工作协同发展，实现全国建筑业减污降碳效率的整体提升。以区域技术战略高地为核心，通过跨区域的产学研合作、科研院所联盟、关键领域技术示范、信息数据共享平台打造等途径，促进建筑业减污降碳效率的提升。加快城市群“知识共同体”培育，依托大数据平台与数字化手段，实现知识搜寻、提取、加工、整合、传播、共享，并通过企业、高校、科研机构三重知识体系的构建，加快产学对接与科研成果转化。政府要对建筑业减污降碳行为实施动态监管，制定详细的奖惩机制，着力构建空间治理网络，促进地区间污染联防联控，不断提高经济发展“含绿量”、降低“含碳量”。激励建筑业进行技术革新，制定切实可行的传统能源逐步退出机制。

7.3 本章小结

建筑业减污降碳协同管理在近几年日益受到国内工程管理领域和公共政策界的广泛关注。建筑废弃物的时空不均衡性使得其减量化与资源化成为一项复杂的系统工程。建筑业减污降碳协同管理具有很强的政策性，不能简单地“一刀切”。基于中国省域建筑业减污降碳效率时空格局、演化特征以及空间关联网络结构特征和实证研究结果，本章重点归纳出加强建筑废弃物区域协同管理、制定完善的协同管理政策、发展循环经济成为建筑废弃物减量化、资源化管理的主要发展路径。

8

研究结论与展望

8.1 结论

本书以二氧化碳与建筑废弃物作为非期望产出，利用三阶段SBM-DEA模型和ML指数分解法对我国30个省份2010—2020年间建筑业静态与动态减污降碳效率进行了测算。运用泰尔指数、Dagum基尼系数、标准差椭圆分析方法、核密度估计、收敛模型，从区域差异、演变过程和演进趋向三个方面，对中国建筑业减污降碳效率的时空变迁展开详细分析。构建中国省域建筑业减污降碳效率空间关联网络，考察其网络特征及演化的影响因素。在此基础上，使用随机森林方法对中国省际建筑业减污降碳效率的影响因素展开实证研究，以探究建筑业减污降碳效率变迁的影响机制，得到的研究结论如下：

（1）我国30个省份建筑业减污降碳效率在2010—2020年间整体呈现逐渐升高的趋势，四大地区呈现出中部—东北部—西部—东部依次递增的特征。在时间序列层面，2010—2013年间各省份的建筑业减污降碳效率均有小幅度提升，但各省份之间的建筑业减污降碳效率个体差异情况并未改善；到2017年，各省份之间的建筑业减污降碳效率个体差异性已经有所消减，部分省份之间的建筑业减污降碳效率已经逐渐趋同；到2020年，部分省份的建筑业减污降碳效率已达到最大值，除个别省份外，整体来看我国各省份的减污降碳效率个体差异性较大的情况已有所缓解。各省份建筑业减污降碳效率受环境因素的影响较大，我国需要采取相应的对策来缩小省际差距，推动低碳化、平衡化和高效化发展。剔除环境变量和随机误差后，与第一阶段30个省份2010—2020年建筑业减污降碳效率均值相比，调整后的四大地区的均值分别提升至0.63、0.53、0.63和0.55。效率均值提升幅度分别为31.25%、39.47%、43.18%和34.15%。

（2）四大地区建筑业减污降碳效率ML指数整体上呈现波动上升的趋势。从区域角度分解发现，各区域技术进步指数、纯技术效率变化指数与规模效率变化指数除极个别年份外普遍大于1，表明建筑业减污降碳整体效率值较上一年波动上升，建筑业减污降碳效率均在不同程度地向生产前沿面移动。纯技术效率变化指数在研究期间呈波动上涨趋势，东北地区是表现突出的地区，在2005—2006年时仅为1.6%，而在2019—2020年达到了55.1%。这表明近年来东北地区正逐步加强对新技术和新管理方式的应用，推动建筑业向低碳、优化方向发展。东部地区的纯技术效率变化指数波动较大，增长不明显。从2005—2006年的8.4%上升至2019—2020年的9%。这表明东部地区在达到一定技术水平后，处于相对稳定发展的阶段，但仍需要积极探索新的技术突破方向，推动建筑业减污降碳效率向更优化的方向发展。规模效率变化指数在研究期间除西部地区外，均呈波动上涨趋势，这是促进建筑业减污降碳效率提高的因素之一。

（3）总体泰尔指数自2010年开始下降，2015年有所上升，随后一直下降，在2019年降到了最低值0.246。区域内泰尔指数变化趋势与总体泰尔指数一致，区域间泰尔指数在2011年上升到最大值0.075，此后一直变化不大，趋于平缓。区域内差异对总体泰尔指数的贡献率、区域间差异对总体泰尔指数的贡献率几乎呈水平发展，没有大的变化幅度。我国四大地区建筑业减污降碳效率总体基尼系数较低，均值为0.141。2011—2014年间总体基尼系数由0.175降至0.118，降幅为32.57%。从2014年开始，我国各省份之间的建筑业减污降碳效率不均衡情况逐渐加剧，总体基尼系数由0.118增长至0.147，涨幅为24.58%；2010—2020年间，东部-中部地区、东部-西部地区、东部-东北地区的组间差异程度总体上呈降低趋势，分别降低了0.016、

0.024与0.011，年均降幅为0.146%、0.215%与0.096%。中部-西部地区、中部-东北地区、西部-东北地区的组间差异程度总体上呈增长趋势，分别增长了0.002、0.024与0.046，年均涨幅为0.021%、0.221%与0.419%；2010—2020年间地区差异来源分解中，超变密度贡献程度最高，均值为0.1055；其次为区域间贡献程度，均值为0.0696；区域内贡献程度最小，均值为0.0668。区域内差异的贡献程度呈波浪形增长趋势，由27.59%增长至28.74%，上涨了1.15%；区域间差异的贡献程度呈波浪形递减趋势，由37.44%降低至15.83%，下降了21.61%；超变密度的贡献程度计算结果反映了四大地区子群间因交叉项的统计对建筑业减污降碳效率总体差异的影响，该指标总体呈波浪形增长趋势，由34.98%增长至55.43%，上涨了20.45%，表明区域间差异和区域内差异的交互影响作用存在显著增强的趋势。

（4）东部与西部地区建筑企业在推动低碳经济发展方面取得了良好效果，中部与东北地区仍面临较大的减碳压力。全国层面各省份建筑业减污降碳效率趋于同一水平，东部地区各省份之间的建筑业减污降碳效率差异正在逐渐扩大，个别省份存在断层式领先的情况。建筑业的发展加强了省际建筑业减污降碳效率的联系，使全国的空间关联愈发明显，空间集聚性逐渐增强。东北地区各省份的建筑业减污降碳效率的提升形势不容乐观，在整体下降的同时，各省份之间的差距还在逐渐扩大。中部地区在建筑业减污降碳效率的提升上虽处于下滑态势，但各省份之间的差距正在缩小，整体性较强。西部地区的建筑业在响应国家“碳达峰”号召的过程中与其他三大地区相比属于领军地位。随着国家节能降碳行动方案的实施，我国四大地区之间建筑业减污降碳效率的绝对差异正在缩小，各地区内建筑业减污降碳效率多极化现象整体上趋于弱化，地区内差异化程度逐渐降低。

（5）从空间分布方向来看，中国建筑业减污降碳效率整体呈现出

“东北-西南”的分布格局。2010—2020年建筑业减污降碳效率方位角出现小幅度顺时针旋转，逐渐接近“东北-西南”方向分布。全国层面各省份建筑业减污降碳效率差异逐渐缩小。总体来看，除全国与东部地区外，其他三大地区均不存在σ收敛特征，其他三大地区在建筑业减污降碳效率方面存在着绝对β收敛和条件β收敛。在绝对β收敛方面，只有中部地区对周边地区表现出了正向的空间溢出效应。在条件β收敛方面，东部地区对周边地区的建筑业减污降碳效率存在负向空间溢出效应，而西部地区则与之相反，中部地区对周边地区的正向空间溢出效应不再存在。

（6）建筑业是碳排放的重要来源之一，规模建筑企业在这方面扮演着关键角色。建筑企业的能源消耗和技术创新等行为会直接影响建筑业减污降碳效率，而规模企业数量的不同则进一步扩大了地区间建筑业减污降碳效率的差异。年轻化的人口结构是影响建筑业发展的关键因素之一，也是重要的人力资源潜力。然而，由于建筑业自身发展受阻与人口流失，其未真正通过人口结构年轻化形成有效的产业吸引力和人力资本积累，因而未形成正向影响。居民可支配收入的增加会提升建筑业的服务消费水平，进一步扩大差异。基础设施差异会导致公共服务环境的异质化，这种差异化也会导致建筑业减污降碳效率的差异。在样本期间内，政府财政支出的差异系数并不显著，这意味着政府财政支出的差异与建筑业减污降碳效率的差异没有明显的关联。

8.2 展望

本书对中国建筑业减污降碳效率的时空演化特征与驱动因素进行了多角度、多层次的研究，通过系统性、整体性的视角，更加全面地审视建筑业减污降碳效率的时空特征、演变规律以及制约因素，不仅拓展了建筑业可持续发展的研究视角，也为实现“减污”与“降碳”的区域高质量协同发展提供了一个新的研究范式。然而，本书研究也存在一定的局限性，期待在以后的研究中进一步完善和改进：

（1）由于我国西藏、香港、澳门和台湾地区的统计数据获取较为困难，未能纳入本次研究中，但这些地区作为具有地理特殊性的地区，在后续研究中应尽可能补全。另外，在市或县一级进行探索将丰富分析内容。未来的研究应在现有方法和数据的基础上进行扩展，并从微观和宏观角度深入探讨改善减污降碳效率的理论机制和实践策略，以促进各级管理部门更科学地开展减污降碳协同增效的政策实践。

（2）建筑业减污降碳效率的影响因素众多，对于较中观的环境指标数据的研究较少。本书基于指标选取原则从建筑业宏观影响程度层面对环境因素指标进行选取。在今后的研究中希望可以通过指标选取来建立宏观和中观之间的联系，从而更深入、更有针对性地进行研究和应用。未来需要结合区域经济发展和技术水平等来划分城市类别，因地制宜地探索不同类型区域的建筑业协同减排有效模式，助力城市绿色低碳发展。

（3）本书从政府视角出发，对建筑业减污降碳效率进行研究和分析。在后续研究中，可以增加企业、居民等多个视角的分析，以更全面地了解企业、居民、高校等如何应对建筑业带来的环境问题。探讨不同视角下建筑业减污降碳效率的变化趋势，对于提升我国整体建筑业的减污降碳、协同治理具有重要意义。

此外，随着高质量发展内涵的不断丰富，完善建筑业减污降碳绿色发展评价体系，改进其测度方法，也是后续研究的重点。

参考文献

[1] 鲍振. 中国农业碳排放分布的地区差异与影响因素的实证研究：1993—2011［D］. 济南：山东财经大学，2017.

[2] 白红飞，王刚. PPP收益分配模型研究［J］. 合作经济与科技，2015（20）：72-74.

[3] 边志强，钟顺昌. 资源型城市经济增长目标对碳排放效率的影响［J］. 中国环境科学，2023，43（8）：4395-4408.

[4] 蔡佳丽，张陶新. 湖南省分行业碳排放与经济增长相关性研究——基于EKC曲线分析［J］. 中南林业科技大学学报（社会科学版），2019，13（5）：50-56.

[5] 郗永勤，吉星. 我国工业行业碳排放效率实证研究——考虑非期望产出SBM超效率模型与DEA视窗方法的应用［J］. 科技管理研究，2019，39（17）：53-62.

[6] 蔡火娣，韩兆洲. 中国二氧化碳排放效率测度研究——基于考虑外部环境和随机因素的视角［J］. 兰州学刊，2018，（2）：167-180.

[7] 蔡丽茹，吴昕晖，杜志威. 环境友好型农业技术扩散的时空演化与影响因素——基于社会网络视角［J］. 地理研究，2022，41（1）：63-78.

[8] 陈钢，祁神军，张云波，等. 三阶段DEA的区域建筑业碳排放效率评价

[J]. 华侨大学学报（自然科学版），2016，37（5）：564-569.
[9] 陈治池，何强，蔡然，等. 碳中和趋势下数学模拟在污水处理系统中的发展与综合应用 [J]. 中国环境科学，2022，42（6）：2587-2602.
[10] 陈加友，李鲜. 中国城乡居民碳排放的动态分解与效率评价研究 [J]. 东岳论丛，2023，44（7）：138-149.
[11] 陈家珑，高振杰，周文娟，等. 对我国建筑垃圾资源化利用现状的思考 [J]. 中国资源综合利用，2012，30（6）：47-50.
[12] 陈家珑. 我国建筑垃圾资源化利用现状与建议 [J]. 建设科技，2014（1）：9-12.
[13] 陈宏辉. 企业的利益相关者理论与实证研究 [D]. 杭州：浙江大学，2003.
[14] 陈伟，易莎，邹松，等. 建筑固体废弃物资源化利用的三方非对称演化博弈 [J]. 土木工程与管理学报，2019，36（3）：54-59.
[15] 陈向明. 扎根理论的思路和方法 [J]. 教育研究与实验，1999（4）：58-63；73.
[16] 陈喆. 基于STIRPAT的中国能源消费碳排放驱动力研究 [J]. 煤炭经济研究，2020，40（9）：29-33.
[17] 程杰晟，雷俊霞. 环境规制对国家级城市群生态旅游产业碳排放效率的时空动态影响 [J]. 中南林业科技大学学报，2023，43（3）：175-186.
[18] 迟福林. "十三五"：以经济转型为主线的结构性改革 [J]. 上海大学学报（社会科学版），2016，33（2）：1-13.
[19] 戴建华，薛恒新. 基于Shapley值法的动态联盟伙伴企业利益分配策略 [J]. 中国管理科学，2004（4）：34-37.
[20] 邓聚龙. 灰理论基础 [M]. 武汉：华中科技大学出版社，2002.
[21] 邓晓兰，车明好，陈宝东. 我国城镇化的环境污染效应与影响因素分析 [J]. 经济问题探索，2017（1）：31-37.
[22] 段磊. 建筑垃圾资源化利用PPP项目物有所值定量评价研究 [D]. 杭州：浙江大学，2019.

［23］ 丁志坤，王翌飞，吴金闯．复杂适应系统视角下的城市建筑废弃物管理仿真研究［J］．工程管理学报，2015，29（6）：48-53．

［24］ 丁志伟，康江江，王超．基于“市域—县域—镇域”三维尺度的信阳市经济空间格局的研究［J］．河南科学，2015，33（10）：1848-1855．

［25］ 董聪，董秀成，蒋庆哲，等．《巴黎协定》背景下中国碳排放情景预测：基于BP神经网络模型［J］．生态经济，2018，34（2）：18-23．

［26］ 董会忠，郭雪莲．中国交通运输业碳排放效率时空演化特征研究［J］．华东经济管理，2023，37（7）：70-80．

［27］ 杜强，冯新宇，孙强．市域建筑业碳排放与经济发展关系及影响因素研究——以西安市为例［J］．环境工程，2017，35（2）：174-179．

［28］ 杜强，张诗青．中国建筑业能源碳排放环境库兹涅茨曲线与影响脱钩因素分析［J］．生态经济，2015（12）：59-62；69．

［29］ 杜强，张诗青，张智慧．建筑业碳排放与经济增长脱钩及影响因素研究——以陕西省为例［J］．环境工程，2016（4）：172-176．

［30］ 范建双，周琳．中国城乡居民生活消费碳排放变化的比较研究［J］．中国环境科学，2018，38（11）：4369-4383．

［31］ 冯博．建筑业二氧化碳排放及能源环境效率测算分析研究［D］．天津：天津大学，2015．

［32］ 冯博，王雪青，刘炳胜．考虑碳排放的中国建筑业能源效率省际差异分析［J］．资源科学，2014（6）：1256-1266．

［33］ 冯新宇．基于SBM模型与ML指数的建筑业碳排放效率及其影响因素研究［D］．西安：长安大学，2018．

［34］ 樊琳梓，李爽，裴志海．中国建筑业优化升级对其碳排放影响的分阶段研究［J］．技术经济，2018（8）：96-105．

［35］ 付俊文，赵红．利益相关者理论综述［J］．首都经济贸易大学学报，2006（2）：16-21．

［36］ 高煜昕，高明．中国“无废城市”发展水平的空间关联结构与影响机制［J］．环境科学，2024，45（8）：4980-4992．

[37] 勾学玲. 浅析质性研究方法 [J]. 学理论，2012 (33)：43-44.
[38] 苟儒男. 基于Citespace的国内循环经济研究可视化分析 [J]. 再生资源与循环经济，2021，14 (9)：17-22.
[39] 管智超. 财政体制失衡与区域经济韧性：理论机制和经验证据 [J]. 工业技术经济，2023，42 (2)：146-153.
[40] 韩君，牛士豪."碳中和"目标下的中国省域碳排放效率测算 [J]. 杭州师范大学学报（社会科学版），2023，45 (1)：121-136.
[41] 韩梦瑶，张泽，廖茂林. 生产和消费双重视角下中国省域碳排放脱钩演变及贡献解析 [J]. 区域经济评论，2023，(5)：120-130.
[42] 贺爱忠，刘盼. 中国流通业 CO_2 排放的因素分解和脱钩分析 [J]. 中国环境科学，2015 (3)：953-960
[43] 胡怀敏，左薇，徐士元. 长江经济带交通能源碳排放脱钩效应及驱动因素研究 [J]. 长江流域资源与环境，2022，31 (4)：862-877.
[44] 胡剑波，王青松. 基于泰尔指数的中国农业能源消费碳排放区域差异研究 [J]. 贵州社会科学，2019 (7)：108-117.
[45] 胡鸣明，彭峰，向鹏成. 建筑废弃物产量预测及资源化处理厂选址布局优化：以重庆市主城为例 [J]. 环境工程，2020，38 (1)：122-127.
[46] 胡涛，田春秀，李丽平. 协同效应对中国气候变化的政策影响 [J]. 环境保护，2004，32 (9)：56-58.
[47] 胡姗，张洋，燕达，等. 中国建筑领域能耗与碳排放的界定与核算 [J]. 建筑科学，2020 (2)：288-297.
[48] 惠明珠，苏有文. 中国建筑业碳排放效率空间特征及其影响因素 [J]. 环境工程，2018，36 (12)：182-187.
[49] 黄德春，沈雪梅，竺运. 长江经济带制造业碳排放效率的时空演变及影响因素研究 [J]. 长江流域资源与环境，2023，32 (6)：1113-1126.
[50] 黄丹林. 基于风险分担的城市生活垃圾处理PPP模式应用研究 [D]. 天津：天津理工大学，2014.
[51] 黄惠康. 论气候变化全球治理的中国主张——纪念《联合国气候变化框

架公约》开放签署30周年［J］. 国际法学刊，2022（4）：1-33；154.
［52］ 黄颖利，娄国祎，么甲滨. 碳排放约束下中国省域生态资本效率空间网络结构特征及影响因素［J］. 经济纵横，2023，（4）：45-54.
［53］ 黄宜，赵光洲，王艳伟. 基于STIRPAT模型的能源消费碳排放影响因素研究——以云南省为例［J］. 价值工程，2013，32（32）：182-183.
［54］ 蒋钧波. PPP模式下建筑垃圾资源化再生利用项目收益分配研究［D］. 赣州：江西理工大学，2016.
［55］ 贾国栋，王立国，张典，等. “双碳”目标下江西省旅游业碳排放效率时空特征及其影响因素［J］. 湖南师范大学自然科学学报，2023，46（1）：10-19.
［56］ 贾明军，夏鹏亮，黄勇，等. 农业碳排放研究进展及烟草农业碳计量研究展望［J］. 江苏农业科学，2023，51（16）：9-17.
［57］ 贾生华，陈宏辉. 利益相关者的界定方法述评［J］. 外国经济与管理，2002（5）：13-18.
［58］ 贾斯佳. 面向利益相关者的PPP项目收益分析与仿真研究［D］. 南京：东南大学，2018.
［59］ 姜志刚. 广东省各行业的收敛性及其对经济增长的贡献［J］. 改革与战略，2009，25（8）：108-110；116.
［60］ 匡兵，卢新海，韩璟，等. 考虑碳排放的粮食主产区耕地利用效率区域差异与变化［J］. 农业工程学报，2018，34（11）：1-8.
［61］ 柯永建，王守清，陈炳泉. 基础设施PPP项目的风险分担［J］. 建筑经济，2008（4）：31-35.
［62］ 康哲，李巍，刘伟. 黄河流域城市群工业减污降碳影响因素与策略［J］. 中国环境科学，2023，43（4）：1946-1956.
［63］ 李向辉，笪可宁. 基于PSR框架的小城镇可持续发展相关策略［J］. 沈阳建筑大学学报（社会科学版），2005（1）：48-51.
［64］ 李小飞，张明军，王圣杰，等. 中国空气污染指数变化特征及影响因素分析［J］. 环境科学，2012，33（6）：1936-1943.

［65］ 李俊明，魏雯琪，张鹏，等．中国市域数字经济发展对减污降碳协同的促进效应及其空间分异［J］．经济地理，2023，43（12）：169-180．

［66］ 李丽，丰景春，钟云，等．全生命周期视角下的PPP项目风险识别［J］．工程管理学报，2016，30（1）：54-59．

［67］ 李娟芳，张雅兰，何亚伯．基于相对熵的建筑垃圾处理PPP项目融资风险评价［J］．数学的实践与认识，2018，48（5）：164-170．

［68］ 李爱，王雅楠，李梦，等．碳排放的空间关联网络结构特征与影响因素研究：以中国三大城市群为例［J］．环境科学与技术，2021，44（6）：186-193．

［69］ 李小冬，朱辰．我国建筑碳排放核算及影响因素研究综述［J］．安全与环境学报，2020，20（1）：317-327．

［70］ 李爱民．“十一五”以来我国区域规划的发展与评价［J］．中国软科学，2019，340（4）：98-108．

［71］ 李晨，冯伟，邵桂兰．中国省域渔业全要素碳排放效率时空分异［J］．经济地理，2018，38（5）：179-187．

［72］ 李建豹，黄贤金，吴常艳，等．中国省域碳排放影响因素的空间异质性分析［J］．经济地理，2015，35（11）：21-28．

［73］ 李建豹，黄贤金，揣小伟，等．基于碳排放总量和强度约束的碳排放配额分配研究［J］．干旱区资源与环境，2020，34（12）：72-77．

［74］ 李玲燕，石一晴，杨继先．建筑业碳排放政策的量化分析及效果评估：基于政策工具视角［J］．工程管理学报，2023，37（4）：25-30．

［75］ 李乐乐，徐占军，杨娜，等．山西省土地利用地碳排放效率及其优化策略［J］．山西农业科学，2019，47（3）：476-481．

［76］ 李琳，牛婷玉．基于SNA的区域创新产出空间关联网络结构演变［J］．经济地理，2017，37（9）：19-25；61．

［77］ 李一．纺织产业经济增长中的水脱钩问题研究［D］．杭州：浙江理工大学，2018．

［78］ 李振冉，宋妍，岳倩，等．基于SFA-CKC模型评估中国碳排放效率

[J]. 中国人口资源与环境，2023，33（4）：46-55.
[79] 刘建国，张文忠. 中国区域全要素生产率的空间溢出关联效应研究 [J]. 地理科学，2014，34（5）：522-530.
[80] 刘志红. 中国区域能源消费碳排放测算、收敛及脱钩研究 [D]. 南昌：江西财经大学，2018.
[81] 刘小兰，朱颖. 长江经济带物流业碳排放效率非均衡性及驱动因素分析 [J]. 生态经济，2023，39（11）：47-53.
[82] 刘红勇，袁梦婷，吴之路，等. PPP模式下建筑垃圾资源化处理项目风险分担模型研究 [J]. 科技进步与对策，2017，34（9）：92-96.
[83] 刘海猛，方创琳，黄解军，等. 京津冀城市群大气污染的时空特征与影响因素解析 [J]. 地理学报，2018，73（1）：177-191.
[84] 刘航，赵景峰，吴航. 中国环境污染密集型产业脱钩的异质性及产业转型 [J]. 中国人口·资源与环境，2012，22（4）：150-155.
[85] 刘亚清，马艺翔，吴振信. 京津冀地区产业结构升级对大气污染的影响 [J]. 城市问题，2017（12）：65-71.
[86] 刘依明，杨珺涵，张忠利，等. 面向寒冷地区住宅碳排放预测的机器学习算法模型比较 [J]. 清华大学学报（自然科学版），2024，64（10）：1734-1745.
[87] 刘亦文，陈熙钧. 数智融合发展对中国减污降碳协同治理的影响研究 [J]. 环境科学研究，2023，36（11）：2189-2199.
[88] 刘华军，刘传明，孙亚男. 中国能源消费的空间关联网络结构特征及其效应研究 [J]. 中国工业经济，2015（5）：83-95.
[89] 刘德顺. 亚洲16国研讨“京都议定书” [J]. 国际学术动态，2001（2）：73-74.
[90] 刘东民.《京都议定书》对能源技术创新与扩散的影响及企业的战略回应 [J]. 世界经济与政治，2001（5）：71-74.
[91] 刘华军，何礼伟. 中国地区差距及其演变（2000—2012）——基于地区发展与民生指数（DLI）的再考察 [J]. 经济与管理评论，2015，31

（1）：141-146.
［92］ 刘华军，赵浩. 中国二氧化碳排放强度的地区差异分析［J］. 统计研究，2012，29（6）：46-50.
［93］ 刘佳，宋秋月. 中国旅游产业绿色创新效率的空间网络结构与形成机制［J］. 中国人口·资源与环境，2018，28（8）：127-137.
［94］ 刘晓君，王东旭，胡伟. 中国建筑业与区域经济耦合协调发展［J］. 工业建筑，2021，51（5）：173-180.
［95］ 刘勇，张俊飚，张露. 基于DEA-SBM模型对不同稻作制度下我国水稻生产碳排放效率的分析［J］. 中国农业大学学报，2018，23（6）：177-186.
［96］ 刘晓凯，张明. 全球视角下的PPP：内涵、模式、实践与问题［J］. 国际经济评论，2015（4）：53-67；5.
［97］ 罗清海，陈晓明，王衍金，等. 工程建筑垃圾处置的调查和分析［J］. 中国资源综合利用，2009，27（6）：29-31.
［98］ 黎文靖，郑曼妮. 空气污染的治理机制及其作用效果——来自地级市的经验数据［J］. 中国工业经济，2016（4）：93-109.
［99］ 柳林. 论建筑施工企业发展之路［J］. 市政技术，2009，27（2）：197-199.
［100］ 吕周洋，凌丹丹，陈军飞，等. 能源生态效率对碳排放的影响及空间溢出效应研究——以长江经济带110个城市为例［J］. 南京工业大学学报（社会科学版），2023，22（1）：95-110；112.
［101］ 林琳. 城市生活垃圾减量化管理及NGO参与初探［D］. 厦门：厦门大学，2009.
［102］ 卢鋆镆，曾穗平，曾坚，等. 基于随机森林的高分辨率PM2.5浓度时空变化模拟——以中原城市群核心区为例［J］. 中国环境科学，2023，43（7）：3299-3311.
［103］ 吕江.《哥本哈根协议》：软法在国际气候制度中的作用［J］. 西部法学评论，2010（4）：109-115.

［104］ 吕雁琴，范天正，张晋宁. 中国交通运输碳排放效率的时空异质性及影响因素研究［J］. 生态经济，2023，39（3）：13-22.
［105］ 马彩云，刘远贵，徐林，等. 基于灰色预测模型的福建省建筑垃圾产量预测［J］. 哈尔滨商业大学学报（自然科学版），2019，35（5）：545-550.
［106］ 马飞，胡江艳，孙启鹏，等. 中国省际物流业碳排放绩效测度及驱动因素研究［J］. 生态经济，2021，37（9）：27-33；39.
［107］ 马伟波，赵立君，王楠，等. 长三角城市群减污降碳驱动因素研究［J］. 生态与农村环境学报，2022，38（10）：1273-1281.
［108］ 彭文斌，曹笑天，苏昌贵，等. 长江中游城市群碳效率时空演化特征——基于三阶段SBM-DEA模型［J］. 生态学报，2023，43（9）：3532-3545.
［109］ 庞庆华，李涵，杨田田. 长江经济带碳排放的空间关联性及其影响因素［J］. 科技管理研究，2019，39（15）：246-251.
［110］ 齐丹丹，胡鸣明，石世英. 建筑垃圾资源化关键成功因素分析［J］. 建筑技术，2012，43（7）：601-604.
［111］ 齐绍洲，李锴. 区域部门经济增长与能源强度差异收敛分析［J］. 经济研究，2010，45（2）：109-122.
［112］ 亓霞，柯永建，王守清. 基于案例的中国PPP项目的主要风险因素分析［J］. 中国软科学，2009（5）：107-113.
［113］ 祁神军，田丝女，刘兵，等. 基于DEA及FAA的中国建筑业能效评价及减排策略研究［J］. 建筑科学，2015，31（12）：127-134.
［114］ 秦伟，何亚伯，孙蕾. 基于灰色Euclid理论的建筑垃圾PFI项目融资风险评价［J］. 武汉理工大学学报（信息与管理工程版），2016，38（2）：201-204；209.
［115］ 秦旋，李怀全，莫懿懿. 基于SNA视角的绿色建筑项目风险网络构建与评价研究［J］. 土木工程学报，2017，50（2）：119-131.
［116］ 冉启英，王倍倍，周辉. 碳排放约束下农业全要素能源效率增长及收敛

分析——基于Malmquist-Luenberger指数分解［J］. 生态经济，2018，34（2）：47-53.
［117］ 任嘉敏，马延吉. 吉林省工业增长与工业大气污染脱钩关系的时空演变［J］. 中国科学院大学学报，2019，36（1）：72-81.
［118］ 申娟娟. 基于LCA的建筑碳足迹测算及减排对策研究［D］. 广州：广东工业大学，2019.
［119］ 宋金昭，苑向阳，王晓平. 中国建筑业碳排放强度影响因素分析［J］. 环境工程，2018，36（1）：178-182.
［120］ 邵言波，邵羽冰. "一带一路"中国沿线主要港口碳排放效率评价研究［J］. 经济问题，2023，（5）：22-30.
［121］ 邵海琴，王兆峰. 长江经济带旅游业碳排放效率的综合测度与时空分异［J］. 长江流域资源与环境，2020，29（8）：1685-1693.
［122］ 孙亚男，刘华军，刘传明，等. 中国省际碳排放的空间关联性及其效应研究——基于SNA的经验考察［J］. 上海经济研究，2016（2）：82-92.
［123］ 谭华云，许春晓，董雪旺. 旅游业碳排放效率地区差异分解与影响因素探究［J］. 统计与决策，2018，34（16）：51-55.
［124］ 汤民，孙大明，马素贞. 绿色建筑运行实效问题与碳减排研究分析［J］. 施工技术，2012，41（3）：30-33.
［125］ 涂正革，甘天琦. 中国农业绿色发展的区域差异及动力研究［J］. 武汉大学学报（哲学社会科学版），2019，72（3）：165178
［126］ 涂正革. 降碳减污增效的协同研究——基于SBM方法对高能耗企业的硫碳减排效率测度［J］. 华中师范大学学报（人文社会科学版），2023，62（5）：161-174.
［127］ 汪国华. 建筑业转包挂靠现象的研究分析与治理［J］. 市政技术，2010，28（4）：150-154.
［128］ 汪振双，程浩愚，刘景矿，等. 基于Fuzzy-ISM的建筑垃圾处理PPP项目风险因素关系研究［J］. 工程管理学报，2020，34（5）：125-130.

[129] 汪振双. 建筑垃圾的时空特征域资源化实践 [M]. 大连：东北财经大学出版社，2023.
[130] 汪振双，刘景矿，邓斌超，等. 基于政府、企业和业主三方动态博弈的建筑物化阶段碳减排责任分析 [J]. 工程管理学报，2017，31 (1)：34-38.
[131] 汪振双，冉春梅. 中国建筑垃圾排放量与行业经济增长脱钩关系时空演化分析 [J]. 工程管理学报，2020，34 (3)：39-44.
[132] 汪振双，张家楠，赵宁. 建筑业挥发性有机物排放与行业经济增长的响应关系研究 [J]. 工程管理学报，2019，33 (1)：23-28.
[133] 汪振双，苏昊林. 重复再生混凝土性能和环境影响研究 [J]. 中国环境科学，2018，38 (10)：3801-3807.
[134] 汪振双，赵宁，苏昊林. 能源—经济—环境耦合协调度研究——以山东省水泥行业为例 [J]. 软科学，2015，29 (2)：33-36.
[135] 汪振双，赵宁，王立国，等. 建筑材料全生命周期碳排放信息化集成管理体系研究 [J]. 建筑经济，2015，36 (8)：88-91.
[136] 王红娜. 西安市建筑垃圾资源化利用研究 [D]. 西安：长安大学，2014.
[137] 王建国. 中国建筑“双碳”路径的科学问题与研究建议 [J]. 中国科学基金，2023，37 (3)：353-359.
[138] 王杰，郑琰. 城市公共交通碳排放效率研究 [J]. 重庆理工大学学报(自然科学)，2023，37 (8)：310-317.
[139] 王凯，余芳芳，胡奕，等. 中国旅游业碳减排潜力的空间关联网络结构及其影响因素 [J]. 地理科学，2022，42 (6)：1034-1043.
[140] 王凯，关锐，甘畅，等. 中国新型城镇化水平对旅游业碳排放效率的空间效应 [J]. 长江流域资源与环境，2023，32 (3)：582-595.
[141] 王宁. 中国建筑业碳排放强度空间特征及其影响因素研究 [D]. 西安：长安大学，2017.
[142] 王少剑，高爽，黄永源，等. 基于超效率SBM模型的中国城市碳排放绩

效时空演变格局及预测［J］. 地理学报，2020，75（6）：1316-1330.
［143］ 王新平，沈颖双，苏畅. 黄河流域城市碳排放效率时空分异及其溢出效应研究［J］. 生态经济，2023，39（4）：26-34.
［144］ 王建波，陈鹏，赵辉. 基于灰色关联度的建筑垃圾PFI项目融资风险模糊综合评价［J］. 青岛理工大学学报，2013，34（2）：105-109；121.
［145］ 王幼松，曾繁盛，张扬冰. 基于碳排放计量的中国建筑业能源效率研究［J］. 工程管理学报，2021，35（4）：9-14.
［146］ 王兆峰，李竹，吴卫. 长江经济带不同等级城市碳排放的时空演变及其影响因素［J］. 环境科学研究，2022，35（10）：2273-2281.
［147］ 韦海民，鲁伟. 垃圾焚烧发电PPP项目处理费定价探讨——基于风险管理的定量分析［J］. 财会月刊，2018（16）：91-97.
［148］ 文成业，王腾. 经济发展、城镇化与电力消耗——以西南地区为例［J］. 广西质量监督导报，2019，217（1）：99-100.
［149］ 夏学超，孙慧，祝树森，等. 多元主体环境规制组合如何实现降碳减污扩绿增长协同推进？［J］. 中国人口·资源与环境，2024，34（8）：22-35.
［150］ 谢丹阳，周泽茜. 经济增长理论的变迁与未来：生产函数演变的视角［J］. 经济评论，2019，（3）：30-39.
［151］ 徐驰. 基于系统动力学的城市建筑垃圾问题研究［D］. 北京：北京林业大学，2015.
［152］ 徐均. 加入WTO后中国地方施工企业面临的国际市场环境及竞争对策［J］. 市政技术，2004（1）：32-39.
［153］ 徐英启，程钰，王晶晶. 中国资源型城市碳排放效率时空演变与绿色技术创新影响［J］. 地理研究，2023（3）：878-894.
［154］ 许博，赵月，鞠美庭，等. 中国城市生活垃圾产生量的区域差异——基于STIRPAT模型［J］. 中国环境科学，2019，39（11）：4901-4909.
［155］ 闫小勇. 社会引力定律追根溯源［J］. 物理学报，2020，69（8）：73-80.

[156] 杨赫姣.《低碳技术创新驱动机制与可持续发展转型路径研究——以建筑业为例》：马克思主义中国化视角下建筑业的可持续发展路径 [J]. 建筑学报，2022（5）：122.

[157] 杨清可，段学军，张伟，等. 中国高新技术产业发展水平格局演变及影响因素分析 [J]. 长江流域资源与环境，2014，23（12）：1649-1658.

[158] 杨扬，郭挂梅. 基于超效率SBM模型的航空企业碳排放效率研究 [J]. 环境工程技术学报，2023，13（5）：1779-1786.

[159] 有维宝，王建波，刘芳梦，等. 基于GRA-TOPSIS的城市轨道交通PPP项目风险分担 [J]. 土木工程与管理学报，2018，35（3）：15-21；27.

[160] 游介文，邹滨，赵秀阁，等. 基于随机森林模型的中国近地面 NO_2 浓度估算 [J]. 中国环境科学，2019，39（3）：969-979.

[161] 于克美，武剑红，李红昌. 我国铁路运输业碳排放效率与影响因素分析 [J]. 技术经济，2020，39（11）：70-76；86.

[162] 余壮雄，陈婕，董洁妙. 通往低碳经济之路：产业规划的视角 [J]. 经济研究，2020（5）：116-132.

[163] 袁长伟，张倩，芮晓丽，等. 中国交通运输碳排放时空演变及差异分析 [J]. 环境科学学报，2016，36（12）：4555-4562.

[164] 袁永科，赵美姣. 中国区域经济差异及收敛的产业分析 [J]. 华东经济管理，2019，33（12）：91-98.

[165] 曾静静. 中美气候变化联合声明为国际应对气候变化行动注入新活力 [J]. 地球科学进展，2014，29（12）：1324-1324.

[166] 张陈俊，章恒全，张丽娜. 基于多层次LMDI方法的中国水资源消耗变化分析 [J]. 统计与决策，2016（3）：98-103.

[167] 张德钢，陆远权. 中国碳排放的空间关联及其解释——基于社会网络分析法 [J]. 软科学，2017，31（4）：15-18.

[168] 张金山，叶毅，陶颖. 经济增长理论与中国经济发展路径 [J]. 税务与经济，2020，（6）：20-26.

[169] 张苗，刘璇，陈银蓉，等. 中国省域土地资源配置结构均衡性与效率时空格局分析 [J]. 中国土地科学，2023，37 (6)：52-63.

[170] 张庆宇，张雨龙，潘斌斌. 改革开放40年中国经济增长与碳排放影响因素分析 [J]. 干旱区资源与环境，2019，33 (10)：9-13.

[171] 张翼. 基于空间关联网络结构的中国省域协同碳减排研究 [J]. 统计与信息论坛，2017，32 (2)：63-69.

[172] 张智慧，刘睿劼. 基于投入产出分析的建筑业碳排放核算 [J]. 清华大学学报（自然科学版），2013，53 (1)：53-57.

[173] 张智. 2020年天津宏观经济形势分析与预测 [J]. 华北金融，2020 (1)：8-18；41.

[174] 赵庆聪，焦佳佳. 基于超效率SBM模型的公路运输碳排放效率分析 [J]. 环境科学与技术，2023，46 (4)：216-222.

[175] 郑琰，巴文婷，肖玉杰. 考虑碳排放的长三角港口群动态效率测度 [J]. 交通运输系统工程与信息，2023，23 (4)：34-46.

[176] 郑易生. 环境与经济双赢乌托邦的误区与现实选择 [J]. 中国人口·资源与环境，2000 (3)：113-115.

[177] 周守为，朱军龙. 助力"碳达峰，碳中和"战略的路径探索 [J]. 天然气工业，2021，41 (12)：8-10.

[178] 朱珊，刘冷静，张子萌. 市政污水处理PPP项目风险评价模型研究 [J]. 工程经济，2017，27 (5)：72-75.

[179] 朱向东，肖翔，征娜. 基于三方博弈模型的轨道交通PPP项目风险分担研究 [J]. 河北工业大学学报，2013，42 (2)：97-101.

[180] 张明斗，席胜杰. 资源型城市碳排放效率评价及其政策启示 [J]. 自然资源学报，2023，38 (1)：220-237.

[181] 张小娟. 国内城市建筑垃圾资源化研究分析 [D]. 西安：西安建筑科技大学，2013.

[182] 张艳东，赵涛. 基于泰尔指数的能源消费区域差异研究 [J]. 干旱区资源与环境，2015，29 (6)：14-19.

[183] ANDERSEN P, PETERSEN N C. A procedure for ranking efficient units in data envelopment analysis [J]. Management Science, 1993, 39 (10): 1261-1264.

[184] AHMADI A, KERACHIAN R, RAHIMI R, et al. Comparing and combining social network analysis and stakeholder analysis for natural resource governance [J]. Environmental Development, 2019 (32): 100451.

[185] AUTHORS U. OECD - Organisation for economic cooperation and development [J]. Oecd Observer, 2003, 3 (3): 77-82.

[186] ALI AKHTAR, AJIT K. SARMAH, et al. Strength improvement of recycled aggregate concrete through silicon rich char derived from organic waste [J]. Journal of Cleaner Production, 2018 (196): 411-423.

[187] BARNETT G A, DANOWSKI J A. The structure of communication: a network analysis of the International Communication Association [J]. Human Communication Research. 1992 (10): 1468-2958.

[188] BAI Y Q. Social network analysis based on collaborative innovation performance impact factors of assembled construction industrial park [J]. Academic Journal of Business & Management, 2022, 4 (19): 138-146.

[189] BERGSDAL H, BOHNE R A, BRATTEBO H. Projection of construction and demolition waste in Norway [J]. Journal of Industrial Ecology, 2007, 11 (3), 27-39.

[190] CLARKE-SATHER A, QU J S, WANG Q, et al. Carbon inequality at the sub-national scale: a case study of provincial-level inequality in CO_2 emissions in China 1997-2007 [J]. Energy Policy, 2011, 39 (9): 5420-5428.

[191] CHANG Y F, LIN S J. Structural decomposition of industrial CO_2 emission in Taiwan: an input-output approach [J]. Energy Policy, 2007, 26 (26): 5-12.

[192] CHANGE O C. Intergovernmental panel on climate change [J]. World

Meteorological Organization, 2007, 52 (1-43).

[193] DAGUM C. A new approach to the decomposition of the Gini income inequality ratio [J]. Empirical Economics, 1997, 22 (4): 515-531.

[194] DOREIAN P, CONTI N. Social context, spatial structure and social network structure [J]. Social Networks, 2012, 34 (1): 32-46.

[195] DU Q, LI J T, LI Y, et al. Carbon inequality in the transportation industry: empirical evidence from China [J]. Environmental Science and Pollution Research, 2020, 27 (6): 6300-6311.

[196] EHRLICH P R, HOLDREN J P. Impact of Population Growth: Complacency concerning this component of man's predicament is unjustified and counterproductive [J]. Science, 1971, 171 (3977): 1212-1217.

[197] FRIED H O, LOVELL C A K, SCHMIDT S S, et al. Accounting for environmental effects and statistical noise in data envelopment analysis [J]. Journal of Productivity Analysis, 2002 (17): 157-174.

[198] GAO H. An LCA-BIM integrated model for carbon-emission calculation of prefabricated buildings [J]. Renewable and Sustainable Energy Reviews, 2024: 114775.

[199] HEIL M T, WODON Q T. Inequality in CO_2 emissions between poor and rich countries [J]. The Journal of Environment & Development, 1997, 6 (4): 426-452.

[200] JEON J W, WANG Y, YEO G T. SNA approach for analyzing the research trend of international port competition [J]. The Asian Journal of Shipping and Logistics, 2016, 32 (3): 165-172.

[201] JONES L, MANUELLI R. A positive model of growth and pollution controls [J]. Social Science Electronic Publishing, 1995 (52): 1-50.

[202] JAFARY NASAB T, MONAVARI S M, JOZI S A, MAJEDI H. Assessment of carbon footprint in the construction phase of high-rise constructions in Tehran [J]. International Journal of Environmental Science and Technology.

2020 (17): 3153-3164.

[203] KAYA Y. Impact of carbon dioxide emission control on GNP growth: interpretation of proposed scenarios [R]. Paris: IPCC Response Strategies Workinggroup, 1989.

[204] KAMYAR KABIRIFAR, MOHAMMAD MOJTAHEDI, CYNTHIA CHANGXIN WANG, et al. Effective construction and demolition waste management assessment through waste management hierarchy: a case of Australian large construction companies [J]. Journal of Cleaner Production, 2021 (312): 127790.

[205] KHANNA N. The income elasticity of non-point source air pollutant: revisiting the environmental Kuznets curve [J]. Economics Letters, 2002, 77 (3): 387-392.

[206] KOFO WOROLA O F, GHEEWALA S H. Estimation of construction waste generation and management in Thailand [J]. Waste Management, 2009, 29 (2): 731-738.

[207] LIN B Q, LIU H X. China's building energy efficiency and urbanization [J]. Energy and Buildings, 2015, 86: 356-365.

[208] LI H, QIU P, WU T. The regional disparity of per-capita CO_2 emissions in China's building sector: an analysis of macroeconomic drivers and policy implications [J]. Energy and Buildings, 2021, 244: 111011.

[209] LIU Y S, ZHOU Y, WU W X. Assessing the impact of population, income and technology on energy consumption and industrial pollutant emissions in China [J]. Applied Energy, 2015 (155): 904-917.

[210] LI Y, CHIU Y H, LU L C. New energy development and pollution emissions in China [J]. International Journal of Environmental Research and Public Health, 2019, 16 (10): 1764.

[211] LIU Y, SUI Z W, KANG C G, et al. Uncovering patterns of inter-urban trip and spatial interaction from social media check-in data [J]. Plos One,

2014, 9 (1): e86026.

[212] LU W S, YUAN H P. Exploring critical success factors for waste management in construction projects of China [J]. Resources Conservation and Recycling, 2011, 55 (2): 201-208.

[213] LOCKREY S, NGUYEN H, CROSSIN E, et al. Recycling the construction and demolition waste in Vietnam: opportunities and challenges in practice [J]. Journal of Cleaner Production, 2016 (133): 757-766.

[214] LI Y, WANG X. Using fuzzy analytic network process and ISM methods for risk assessment of public-private partnership: a China perspective [J]. Journal of Civil Engineering and Management, 2019, 25 (1-2): 168-183.

[215] LU Y J, CUI P, LI D Z. Carbon emissions and policies in China's building and construction industry: evidence from 1994 to 2012 [J]. Building and Environment, 2016 (95): 94-103.

[216] LIU S N, XIAO Q T. An empirical analysis on spatial correlation investigation of industrial carbon emissions using SNA-ICE model [J]. Energy, 2021, 224: 120183.

[217] LU W S, YUAN H P, LI J R, et al. An empirical investigation of construction and demolition waste generation rates in Shenzhen city, South China [J]. Waste Managent, 2011, 31 (4): 680-687.

[218] MENEGAKI M, DAMAGES D. A review on current situation and challenges of construction and demolition waste management [J]. Current Opinion in Green and Sustainable Chemistry. 2018 (13): 8-15.

[219] MALLAPATY S. How China could be carbon neutral by mid-century [J]. Nature, 2020, 586 (7830): 482-483.

[220] MCNICOLL G. IPAT (Impact, Population, Affluence, and Technology) [J]. International Encyclopedia of the Social & Behavioral Sciences, 2001 (15): 7903-7906.

[221] MAZHER K M, CHAN A P C, ZAHOOR H, et al. Fuzzy integral—based

risk-assessment approach for public-private partnership infrastructure projects [J]. Journal of Construction Engineering and Management, 2018, 144 (12): 04018111.

[222] MA T, LIU Y, YANG M. Spatial-temporal heterogeneity for commercial building carbon emissions in China: based the Dagum Gini coefficient [J]. Sustainability, 2022, 14 (9): 5243.

[223] NELSON R E. Social network analysis as intervention tool [J]. Group & Organization Management, 1988, 13 (1): 39-58.

[224] OLIVIER J G J, PETERS J A H W. Trends in global CO_2 and total greenhouse gas emissions: summary of the 2020 report [R]. The Hague: PBL Netherlands Environmental Assessment Agency, 2020.

[225] OLIVEIRA M, GAMA J. An overview of social network analysis [J]. Wiley Interdisciplinary Reviews: Data Mining and Knowledge Discovery, 2012, 2 (2): 99-115.

[226] OJEDA-BENÍTEZ S, VEGA A D, MARQUEZ-MONTENEGRO M Y. Household solid waste characterization by family socioeconomic profile as unit of analysis [J]. Resources, Conservation and Recycling, 2008, 52 (7): 992-999.

[227] RASHIDUL ISLAM, TASNIA HASSAN NAZIFA, ADHI YUNIARTO, et al. An empirical study of construction and demolition waste generation and implication of recycling [J]. Waste Management, 2019 (95): 10-21.

[228] SAHEED O. AJAYI, LUKUMON O. OYEDELE, MUHAMMAD BILAL, et al. Waste effectiveness of the construction industry: understanding the impediments and requisites for improvements [J]. Resources, Conservation and Recycling, 2015 (102): 101-112.

[229] SHUAI C Y, SHEN L Y, JIAO L D, et al. Identifying key impact factors on carbon emission: evidences from panel and time-series data of 125 countries from 1990 to 2011 [J]. Applied Energy, 2017 (187): 310-325.

[230] SONG T, ZHENG T G, TONG L J. An empirical test of the environmental Kuznets curve in China: a panel cointegration approach [J]. China Economic Review, 2008, 19 (3): 381-392.

[231] SOLOW R. Technical change and the aggregate production function [J]. Review of Economics and Statistics, 1957 (39): 554-562.

[232] SHRESTHA A, CHAN T, AIBINU A, et al. Efficient risk transfer in PPP wastewater treatment projects [J]. Utilities Policy, 2017 (48), 132-140.

[233] SHEN H, PENG Y, GUO C X. Analysis of the evolution game of construction and demolition waste recycling behavior based on prospect theory under environmental regulation [J]. International Journal of Environmental Research and Public Health, 2018, 15 (7): 15-18.

[234] TONE K. A slacks-based measure of efficiency in data envelopment analysis [J]. European Journal of Operational Research, 2001, 130 (3): 498-509.

[235] TAN X, LAI H, GU B, et al. Carbon emission and abatement potential outlook in China's building sector through 2050 [J]. Energy Policy, 2018 (118): 429-439.

[236] VALIPOUR A. A swara-copras approach to the allocation of risk in water and sewerage public-private partnership projects in malaysia [J]. International Journal of Strategic Property Management, 2019, 23 (4): 269-283.

[237] WANG L J, SONG X J, SONG X J. Research on the measurement and spatial-temporal difference analysis of energy efficiency in China's construction industry based on a game cross-efficiency model [J]. Journal of Cleaner Production, 2021 (278): 123918.

[238] WU Z Z, YU A T W, SHEN L Y, et al. Quantifying construction and demolition waste: an analytical review [J]. Waste Management, 2014, 34 (9): 1683-1692.

[239] WOLFE A W. Social network analysis: methods and applications [J].

Contemporary Sociology, 1995, 435 (91): 219-220.

[240] WANG P, WU W S, ZHU B Z, et al. Examining the impact factors of energy-related CO_2 emissions using the STIRPAT model in Guangdong Province, China [J]. Applied Energy, 2013 (106): 65-71.

[241] WANG Z S, WANG L J, SU H L, et al. Optimization of coarse aggregate content based on efficacy coefficient method [J]. Journal of Wuhan University of Technology-Materials Science Edtion, 2011, 26 (2): 330-335.

[242] WANG Z S, HAN F, LIU J K, et al. Regional differences and heterogeneity of construction and demolition waste with economic growth: evidence from China [J]. Construction Management and Economics, 2022, 41 (10): 1-16.

[243] WU Y N, LI L W Y, XU R H, et al. Risk assessment in straw-based power generation public-private partnership projects in China: a fuzzy synthetic evaluation analysis [J]. Journal of Cleaner Production, 2017 (161): 977-990.

[244] WANG Y, WANG Y J, WU X Y, et al. Exploring the risk factors of infrastructure PPP projects for sustainable delivery: a social network perspective [J]. Sustainability, 2020, 12 (10): 41-52.

[245] WANG Y. Evolution of public—private partnership models in American toll road development: learning based on public institutions' risk management [J]. International Journal of Project Management, 2015, 33 (3): 684-696.

[246] WANG J, TINGLEY D D, MAYFIELD M, et al. Life cycle impact comparison of different concrete floor slabs considering uncertainty and sensitivity analysis [J]. Journal of Cleaner Production, 2018 (189): 374-385.

[247] WU Y, MIWA T, SHIMAMOTO K, et al. Development of quantitative

team performance evaluation method for ERM [J]. WMU Journal of Maritime Affairs, 2015, 14 (2): 333-347.

[248] WANG J, TINGLEY D D, MAYFIELD M, et al. Life cycle impact comparison of different concrete floor slabs considering uncertainty and sensitivity analysis [J]. Journal of Cleaner Production, 2018 (189): 374-385.

[249] XU Y L, CHAN A P C, YEUNG J F Y. Developing a fuzzy risk allocation model for PPP projects in China [J]. Journal of Construction Engineering and Management, 2010, 136 (8): 894-903.

[250] XU Y L, CHAN A P C, XIA B, et al. Critical risk factors affecting the implementation of PPP waste-to-energy projects in China [J]. Applied Energy, 2015 (158): 403-411.

[251] YOST P A, HALSTEAD J M. A methodology for quantifying the volume of construction waste [J]. Waste Management & Research, 1996, 14 (5): 453-461.

[252] ZHANG B B, WANG N, YAN Z J, et al. Does a mandatory cleaner production audit have a synergistic effect on reducing pollution and carbon emissions? [J]. Energy Policy, 2023, 182: 113766.

[253] ZHANG X C, LIU K H, ZHANG Z H. Life cycle carbon emissions of two residential buildings in China: comparison and uncertainty analysis of different assessment methods [J]. Journal of Cleaner Production, 2020, 266 , 122037.

[254] ZHANG Y, YAN D, HU S, et al. Modelling of energy consumption and carbon emission from the building construction sector in China, a process-based LCA approach [J]. Energy Policy, 2019, 134: 110949.

[255] ZHANG M N, LI L S, CHENG Z H. Research on carbon emission efficiency in the Chinese construction industry based on a three-stage DEA-Tobit model [J]. Environmental Science and Pollution Research, 2021, 28 (37):

51120-51136.

[256] ZHOU Y X, LIU W L, LV X Y, et al. Investigating interior driving factors and cross-industrial 102 linkages of carbon emission efficiency in China's construction industry: based on Super-SBM DEA and GVAR model [J]. Journal of Cleaner Production, 2019, 241: 118322.